国家出版基金项目
NATIONAL PUBLICATION FOUNDATION

清宫
图典

故宫博物院　编

朱诚如　任万平　主编

生活卷

左远波　本卷编著

故宫出版社

总　序

　　编纂多卷本的《清宫图典》是故宫学人的职责，也是故宫学人的夙愿。2002 年由我任主编，故宫同仁通力合作编纂的多卷本《清史图典》（十二册）出版后，得到学界高度评价，促使我们萌发编纂《清宫图典》的愿望。2015 年是故宫博物院九十华诞，我邀请故宫内外学界相关专业同行诸公：任万平（礼仪卷）、李湜（艺术卷）、黄希明（建筑卷）、左远波（生活卷）、于庆祥（政务卷）、滕德永（内务卷）、刘甲良（文化卷）、许静（典藏卷）、赵云田（出巡卷）、李理（禁卫卷）为十卷本《清宫图典》分卷主编，共襄盛举。历三年辛劳，终于付梓。名为《清宫图典》，意在十卷图录在手，能窥真实的清宫政务、生活全貌。

　　以图像记录历史、印证历史，古已有之。中国汉字最早源于象形，即出于图像。中国史书记事记人，向以文字记载为主，但历代学者力主左图右史。只是在当时印刷条件下，图文并茂实不可能。中国历代都有宫廷画家和民间艺人留下一批记录当时人和事的纪实性很强的绘画（包括岩画、壁画），为我们研究当时的历史留下蛛丝马迹。清朝是中国封建社会最后一个王朝，清代宫廷保存了大量的纪实性绘画、晚清的老照片，以及宫廷建筑遗址与各式遗物，为我们提供了研究宫廷历史文化的直观线索，也是我们编纂《清宫图典》的物质基础。高楼大厦不可能凭空搭建，柱础是根本。没有这些图片，就没有图录编纂的可能。

　　中国自古以来就有用绘画图像记事的传统，一些纪实性很强的绘画弥补了文字资料记载的不足，而且某种程度上能提供比文字资料记载更准确、更生动的信息。纪实性绘画分为记人和记事两类。宫廷画家的记人，主要是为帝王、后妃或名臣作"御容"或画像；记事主要是用绘画形式记录当时的重大社会历史事件。西汉毛延寿、唐阎立本都是历史上著名的宫廷画家。阎立本的《步辇图》卷，生动地刻画出唐太宗李世民接见吐蕃松赞干布派来迎娶文成公主的使臣禄东赞的隆重场面。宋代的《迎銮图》卷，绘记了南宋曹勋奉命到金国迎还宋徽宗赵佶灵柩的历史事件。正是绘画的这种无可代替的功能，使郑樵认为"图谱之学，学术之大者"（郑樵《通志》）。到明清两代，东西方海上交通得以开辟，海上交通同样也给东西方文化交流提供了便捷和可能。自明代开始，大批西方文化传播的先驱者——传教士来到中国，他们在传教的同时，也带来了西方先进的科学技术、西方的人文理念，包括西方的文化艺术。西方的绘画技术也逐渐传入中国。一些传教士的高超画艺，得到了中国统治者的认可，他们进而成为宫廷的御用画家，其中最为著名的清代宫廷画家是意大利人郎世宁。郎世宁于康熙五十四年（1715）到达中国广州，时年 27 岁。他当年即到北京，直至乾隆三十一年（1766）在北京病逝，终年 78 岁。郎世宁在中国历经康熙、雍正、乾隆三朝，在清宫中充当宫廷画家达 52 年。郎世宁不仅把西洋画法传到中国，而且为了适应中国皇帝的欣赏品位，在欧洲油画基础上吸收中国画的技法，形成了独特的画风。郎世宁在清宫中培养了一批通晓中西结合画法的宫廷画家，如丁观鹏、张为邦、王幼学等。

在清宫中的外国传教士画家，除著名的郎世宁外，还有王致诚、艾启蒙、贺清泰、安德义等。清代康熙时期，焦秉贞、冷枚、陈枚、唐岱等一些中国宫廷画家和一些民间著名画家也已经开始创作纪实性绘画。其中有王翚为主要作者的《玄烨南巡图》（十二卷）以及与其他宫廷画家合作的《玄烨六旬万寿庆典图》等。康熙后期，郎世宁的入宫，带动了更大规模纪实性绘画的创作，受其影响，一批中国的宫廷画家或合作或独自开始创作纪实性绘画。他们留下了大批南巡、大阅、秋狝、祭祀、行乐等纪实性作品，为我们今天研究清朝宫廷历史文化提供了最为生动的历史画图。绘画中不仅人物逼真、卤簿仪仗、车马轿舆，甚至画面上的头盔甲胄、衣冠服饰、八旗布阵也很逼真。2002 年，故宫博物院在英国举办"乾隆时代艺术展"，其中有著名的《弘历戎装骑马像》，乾隆当时所穿戴的铠甲也同时作为实物展出，画中乾隆穿戴的铠甲，与同时展出的实物铠甲相比，竟然连每一根金丝线都是一样的，令外国观众赞叹不止。2000 年，故宫博物院在台北历史博物馆举办明清家具展，因为展品中有一件乾隆皇帝当年经常使用的交椅，随展同时带去了一幅郎世宁、丁观鹏等中外宫廷画家合作的《弘历雪景行乐图》，图中乾隆皇帝所坐的交椅与展品中的交椅一模一样，器形、色彩、花纹、扶手、尺寸比例都以一丝不苟的工笔写实。更为神奇的是，另一幅《岁朝图》，画的是弘历和诸皇子在宫中欢度春节的场面，其中乾隆的"御容"，以及燃放爆竹的皇子相貌和姿态都与《弘历雪景行乐图》一模一样。纪实性到这种程度，可见这些宫廷画家们为记录历史的真实，确实花费了相当大的功力，从而为我们今天研究清朝的宫廷历史文化留下了丰富的第一手资料。

清朝纪实性绘画从内容上看主要是用来宣扬皇帝的文治武功和威仪，但是我们从每幅画上又会窥见出许多其他社会历史内容。清代宫廷画家留下了许多有价值的纪实性绘画，著名的《万树园赐宴图》就是以纪实手法描绘了我国境内蒙古杜尔伯特部的首领车凌、车凌乌巴什、车凌孟克率部内迁，乾隆皇帝亲自在离宫承德避暑山庄接见，并分别封赐王爵，赏赐贵重礼品，连续大宴十天的宏大场面。奉乾隆皇帝之命，郎世宁、王致诚等传教士画家一直参加这一重大活动，目睹了活动的全过程，对于活动中的重要人物和重大场面，这些宫廷画师均以纪实性手法加以描绘再现，客观记录了清朝政府安抚内迁的杜尔伯特部这一重大历史事件的场面。其他如描绘乾隆皇帝在万法归一殿接见万里迢迢回归祖国的土尔扈特部首领渥巴锡的《万法归一图》屏等。还有一些战图，如著名的铜版画《弘历平定西域战图》一组十六幅，描绘了乾隆时期清政府对西北用兵，平定准噶尔部达瓦齐、天山南路大小和卓木叛乱等重大战事，均有重要的历史价值。

此外，也有大量围绕宫廷和帝王活动的反映清代社会风貌、生产活动、风土人情的纪实性绘画。如著名的《玄烨南巡图》（十二卷）、《弘历南巡图》（十二卷），虽然是以描绘皇帝活动为主，但总体上看是皇帝南巡的纪实，它展现了从北京到江南沿途各地山川河脉、市井乡野、建筑园林、名胜古迹等历史风貌，描绘了大江南北沿途各地士农工商各司其职，以及漕运畅通、商业繁荣等景象。又如《康熙六旬万寿庆典图》两卷，描绘了康熙皇帝六十寿辰盛大的庆典场面。第一卷起自紫禁城的神武门，止于西直门；第二卷由西直门起，止于西北郊的畅春园。它们贯穿了大半个北京城，是当年北京城的风景画。沿途的建筑园林、街市坊间、官军庶民历历在目，再现了京城当年的繁荣景象。《京师生春诗意图》轴，以鸟瞰手法描绘了京城中心地带的全貌，画中正阳门外店铺林立，车马行人栩栩如生，皇宫紫禁城、景山近在眼前。上述画面都是场面宏大的绘画，所以图录范围广泛，历史内涵丰富，史料价值很高。此外，展示清朝大一统皇权统治下的清代农业、手工业、牧业、商业的有《制瓷图》（乾隆朝）、《耕织图》（康熙、雍正朝均有）、《制茶图》（乾隆朝）、《棉花图》（乾隆朝）、《滇南盐井图》（康熙朝）、《广州十三行图》（乾隆朝），以及《香港开埠图》（道光朝）等。清代康熙年间收复台湾后，向台湾派遣官员，大陆的文人学士不断造访台湾，清朝皇帝非常关注台湾，令遣台官员等将台湾地区的风土人情及宝岛的物产情况用绘画形式表现出来，于是有了《台湾内山番地风俗图册》和《台湾内山番地土产图册》。

清代除了大量纪实性绘画外，还有相当数量的老照片流传下来。摄影术发明后，摄影作品成为记录、储存、传递事物形象的特殊讯息载体。留存的历史照片，使人们能够"目睹"已经消逝的前人生活情状。"百闻不如一见"，历史照片可以帮助我们"看见"过去，虽然只是零散的、中断的、瞬间的形象，但它是实在的、具体的、生动的映像。它蕴藏着丰富的历史生活内容。

摄影术是1839年法国政府公布银版摄影法之后才迅速传播开来的。大约也就是1844年，两广总督兼五口通商大臣耆英，在给皇帝的奏折中提到，他曾把自己的"小照"分赠英、法、美、普四国使臣。给耆英照相的摄影师叫于勒·埃及尔，他于1844年以法国海关总检察长的身份到达中国，在广州、澳门、香港等地拍了不少照片，其中部分照片在1848—1853年的法国书刊上陆续复制刊登过，有的还收进了1920年出版的《法国摄影史》一书。照片上还留有摄影者手书的说明文字。这些照片中就有耆英的相片，大约照相术就在此时传入中国。

第二次鸦片战争后，清政府的一些官僚买办兴起了一股办洋务热，引进外资和技术设备，开工厂、修铁路、办矿山等。他们常常把工程进展情况摄制成"照相贴册"出售，有的宣传社会上的重大事件，更多的是汇集风景名胜、戏剧演出等。西方列强用大炮轰开清王朝闭关锁国的大门之际，也正是摄影术开始传播之际。有着悠久文明的东方古国，自然会吸引众多的摄影师来进行"探险""猎奇"的旅行摄影。在抱着各种目的来华的外国人中，有的是旅行摄影师，有的是传教士，有的是跟着侵略军一起打进来的。他们拍摄了大量照片，尽管是为其侵华行为张目，但客观上对沟通中西文化、保存清代社会生活场景起了很大作用。随着时代的变迁，这些独具特色的照片，其历史价值和意义越来越显得重要和宝贵。

随着照相技术的传播，晚清的皇帝和王公官僚们也开始喜欢这些洋玩意儿，他们用相机摄下了晚清皇宫的生活情况。目前故宫博物院保存的两万多块当时留下来的照相玻璃底片，其中就有当年他们的作品。外国列强在枪炮的掩护下，用相机摄下了战火中的中国，那个满目疮痍、民不聊生的中国，这些照片大多保存在欧洲各国的博物馆、图书馆里。晚清皇宫和外国人手中留下的数万张反映当时中国状况的照片，是我们研究清王朝社会政治、经济、文化和宫廷生活等历史的最真实、最可靠的资料，当然具有很高的史料价值。

应该说这些陈旧的老照片所包含的历史生活内容，其丰富性是任何语言文字描述都难以替代的。这些记录着过去时代人们生活情状的照片，尽管只是星星点点的瞬间形象，却可以开阔人们的眼界，增长对已经逝去的时代的见识，从而激起无穷的联想。它们可以弥补历史教科书的某些不足，是认识历史生活、生产、文化、艺术、建筑、服饰、礼仪、宗教等的形象资料，给人以如临其境的感觉。照片中的人物、背景中的建筑园林，都是当时历史的真实载体。至于人物之间的关系、人物与背景的关系，我们则可以结合文献资料的记载，进行研究、判断，从而得出正确的结论，达到还历史本来面貌的目的。

此外，晚清的老照片和纪实性绘画还可以互相验证，而文献记载往往做不到这一点。据朱家溍先生介绍，1947年故宫博物院对太和殿内的陈设进行调整，恢复了清代的原状。因为当时宝座台和台上金漆屏风都是清代原物，只有正中原来的宝座被袁世凯称帝时撤下来，换上了他的一个大靠背椅，这样的陈列，显然不伦不类。因此就决定撤去袁世凯的大靠背椅，换上清代皇帝的宝座。于是准备在文物库房中选择一张形制最大、制作最精的宝座，以为换上去就可以了。挑选了许多，摆上去与屏风总是不相协调。后来从老照片中找出袁世凯撤宝座前的影像，再在故宫内各处寻找，终于找出了这个宝座，虽左边有部分残缺，但右边不缺，可以比照修复。后来又发现一幅康熙皇帝的朝服像，坐的就是这张宝座。此外，还发现乾隆皇帝称太上皇时，皇极殿特制的宝座也是仿制这张宝座制作的。有了老照片和纪实性朝服像上的宝座以及乾隆时的仿制宝座，很快就修复了康熙曾坐过的这张宝座。2002年，我们又根据清代的老照片，把袁世凯时期太和殿内撤去的匾联加以恢复，这样太和殿内的原状陈列终于得到了全部恢复。从中我们可以看出，以老照片为据，从纪实性绘画中得到验证，再找到实物，这样就可以恢复历史上的原状，还历史以本来的面目。可见老照片和纪实性绘画的作用是非常重要的，无可替代的。

这些宝贵的资料虽然从数量上看很多，但收藏分散，国内国外、公家私人都有收藏，搜集齐备很不容易。此外，历史是连贯的，而这些第一手资料也有许多盲区，即许多重大历史事件既无纪实性绘画也无相关照片（或许我们现在尚未发现）。还有一个鉴别问题，纪实性绘画有些是佚名，不能判断准确年代。照片鉴别更难，特别是清代老照片，由于当时照相技术不高，底片模糊，即使很清楚的照片，由于都是一张张孤立的底片，照片上的人物究竟是谁，无从查考，需要花大功夫去鉴别，才能利用。

当然，今日之画像已非昔比。纪实性绘画随着历史的演进，亦有开拓创新。特别是摄影技术的高度发展，把图录历史推向新的高度。

《清宫图典》的文物资源，除纪实性绘画和老照片之外，遗址和遗物亦成为图录的另一重要资源。《清宫图典》中大多数图像是借助今日的先进照相术，将遗址和遗物摄录成像，编纂其中。其中宫殿亭台楼阁和园林景观皆为遗址。车马轿舆、顶戴服饰、瓷器玉器、文房用品、文书档案、古籍善本、碑帖拓片等器物皆为遗物。遗址和遗物图像是第一手历史资料，也是编纂《清宫图典》的主体部分。为了准确反映当时的历史风貌，对没有老照片的遗址我们进行了重新拍摄。至于遗物即清代宫廷留存下来的文物，我们也进行了大量的补拍，许多从未拍摄过照片的文物的图片这次被编入图典，也是《清宫图典》的一大亮点。

参与编纂《清宫图典》的诸位同仁均为学术有成、对清宫廷历史各领域素有研究的专家。古稀之年有幸与各位合作，甚为欣慰！我和任万平副院长诚挚感谢诸位的无私奉献！《清宫图典》项目在时间紧、任务重的情况下得以推进，全靠各位精诚合作，完成编纂工作。

我还要感谢任万平副院长，从编纂《清史图典》到《清代文化》图录，再到《清宫图典》，一路走来，万平同志功不可没。她熟悉故宫文物典籍、图画照片，能编纂这几大部数十卷册的图录，一等功非她莫属！

其次要感谢故宫博物院资料信息部及一些相关单位与个人，《清宫图典》中的数千张图片都由他们提供，都凝结着他们的辛劳和汗水；感谢故宫出版社宫廷历史编辑室、文化旅游编辑室团队，他们兢兢业业、一丝不苟的精细操作，保证了本书的质量。

十分荣幸本丛书纳入国家出版基金资助项目，给予资金支持，这是文化事业得到重视的标志！也是国家繁荣昌盛的标志！

图录历史开启一代风气之先，故宫内外学界同仁将为此而鼓与呼！

朱诚如

2015 年 8 月 24 日初稿

2017 年 4 月 22 日定稿

于紫禁城城隍庙

目　录

前　言

　　清王朝早已成为历史，而清代宫廷生活，则仍以各种方式，强烈地吸引着人们好奇的目光。在那被重重宫墙所隔离的帝王之家，生活状况究竟如何？庙堂重地，禁令森严，即使当时的高官显贵，也无以窥得全豹。对于社会大众而言，更是充满传奇，愈发神秘。如今，紫禁城等昔日皇家宫苑游人如织，但人们所触及的，大多仍为宫廷生活的表象。

　　清代皇家，也同以往历代王朝一样，属于天字第一号的大家庭。它以皇帝为中心，核心成员包括不同位号、不同等级的后妃群体，众多未成年的皇子、皇女，已故皇帝的遗孀太后、太妃，以及大量供其使役的男女仆从、太监、宫女等。宫廷生活，顾名思义就是指皇帝的家庭生活。它的概念，当有广义与狭义之别。前者是指宫廷的所有生活领域，诸如政治生活、经济生活、文化生活、宗教生活等；后者则主要涉及宫中日常生活范围，诸如衣食住行、生老病死、岁时习俗、休闲娱乐等。本图卷以清代宫廷日常生活为主，兼及其余，力求透过现存的文物、史迹等图像史料，全面、概括、直观、生动地展示昔日"天下第一家"生活的整体面貌。

　　清代宫廷生活丰富多彩，既有历代王朝生活方式的传承，又有鲜明的时代特色。归纳起来，至少可以发现以下三个主要特点：

　　一是奢华性。"普天之下，莫非王土；率土之滨，莫非王臣。"皇帝以国为家，富有四海，为了显示至上皇权，无不建造富丽殿堂，搜罗各地奇珍，集聚天下美味，拥有最好的物质享受。

　　其中，皇宫是宫廷生活的主要场所，在其全部生活中占据特殊位置。因此历代王朝无不大兴土木，不惜举全国之力，将宫室建造得雄壮、华丽、肃穆、森严，在满足生活需要的同时，还有着不可替代的象征意义——凸显皇权的神圣、威严与神秘。清代皇宫紫禁城是中国现存规模最大、也是世界罕见的古代宫殿建筑群，既有雄伟的宫殿，又有小巧的亭阁，高低错落，金碧辉煌，集礼制、艺术、实用等多重功能于一体。它虽然整体继承明代遗存，但历朝都有不同程度重建、改建。除紫禁城外，西苑三海、圆明园、颐和园南苑及承德避暑山庄，在清代都属于皇家宫苑。而规模宏大的清东陵和清西陵，则是皇帝死后的"寿宫"。对于皇家而言，皇陵的意义丝毫不亚于皇宫，也可视为宫廷生活的重要组成部分。

　　宫廷日用主要由内务府造办处承办，那里集中了全国最优秀的工匠，以专业化、精细化的分工，采用最优质的材料和最高水平的技艺，产品涉及衣、食、住、行、用，几乎囊括了宫廷生活中的各个方面。如家具多为紫檀、黄花梨、红木等上好材料，制作精致，雕刻考究；盆景、花插、钟表等陈设，可谓琳琅满目；夏季使用特制的冰箱防暑降温、保鲜食物和冷藏各类祭品，冬季取暖辅以炭盆、手炉；无论冬夏，都使用天然香料熏殿、熏衣，所用香具包括香盒、香熏、香筒、香炉等，材质、工艺蔚为大观；照明则使用蜡烛，或置于蜡台上，或插在灯笼中，不同场合使用的灯具不尽相同……宫中服装用料十分讲究，各种绸、缎、纱、罗、缂丝以及用孔雀羽毛、金线、穿珠装饰的衣料，都是由宫中派员到江宁、苏州、杭州三织造衙门督造。

至于宫廷饮食，历来都是等级最高、烹饪最精、用料最好、种类最多的饮食。清代更是在民间基础上，总结并汲取传统饮食之精华，把宫廷饮食发展到了登峰造极的地步。膳食内容丰富多样，食材通常都是选自全国的名产，最后由御厨精心烹饪。宫中所用食具，有金、银、玉、瓷、珐琅、翡翠、玛瑙制作的盘、碗、匙、箸等，都是民间不能使用的。瓷器多由江西景德镇的官窑，每年按规定大量烧造。御膳房里除瓷器外，金银器数量也很多。如道光时期，御膳房有金银器 3000 多件，其中金器共重 4600 百多两（约合 140 多千克），银器重 4 万多两（约合 1250 多千克）。

二是等级制。清代宫廷生活也同整个社会一样，以等级制度为主要特征，自皇帝以下，举凡膳食、车舆、仪仗、冠服、居室、丧葬各个方面，皆有区分身份尊卑的限制性规定。不同身份，待遇不同；各有差等，不可僭越。

例如，不同等级的后妃，除役使太监的人数有很大差异外，所用宫女也有具体规定：皇太后 12 人，皇后 10 人，皇贵妃、贵妃 8 人，妃、嫔 6 人，贵人 4 人，常在 3 人，答应 2 人。再如，皇帝及其后妃的日常膳食，每天按份例拨给：皇帝每日用盘肉 22 斤、汤肉 5 斤、猪肉 10 斤、羊 2 只、鸡 5 只、鸭 3 只、当年鸡 3 只，还有 60 头乳牛所产的牛奶（每头每日交乳 2 斤）、玉泉山泉水 12 罐、乳油 1 斤、茶叶 10 包；皇后盘肉 16 斤、菜肉 10 斤、鸡 1 只、鸭 1 只、25 头乳牛的牛奶、泉水 12 罐、茶叶 10 包；贵妃盘肉 6 斤、菜肉 3 斤 8 两，每月鸡、鸭各 7 只，例用乳牛 4 头。以下层层递减，至常在每日盘肉 3 斤 8 两、菜肉 1 斤 8 两，每月鸡 5 只、茶叶 5 包，牛奶按各自份例拨给。

举行家宴时，与宴者依其身份高下，繁缛的礼仪贯穿始终。如后妃需使用各自等级的位分盘碗：皇后及皇太后用黄釉盘碗，贵妃、妃用黄地绿龙盘碗，嫔用蓝地黄龙盘碗，贵人用绿地紫龙盘碗，常在用五彩红龙盘碗。

三是民族性。清朝政权以满洲贵族为主体，不仅将一些满人特有习俗强行推广至全国，而且在宫廷生活中也明显保存旧有特色。

体现在冠服上，帝后朝袍上的箭袖、披肩领和皇后两肩的半月形饰缘，分别象征着马蹄、弓和马鞍的形象。传统的箭袖为窄袖口，上加一块半圆形袖头，因形似马蹄，故称"马蹄袖"。袖头平日挽起，出猎、作战时则放下，可以保护手背。入关后箭袖虽已失去原来的作用，但行礼时可以敏捷地挽起、放下，既有实用功能，又具装饰效果。

为了保持满洲强悍、尚武的民族性格，清朝一直强调"阅武事""修国俗"。因此宫廷的娱乐活动，很多都是具有军事色彩的竞技类体育，其中最具代表性的项目有围猎、摔跤、冰嬉等。

不过，满俗与汉俗虽有差异，但却存在不可分割的联系。一方面，清宫习俗很多都与汉地古俗有关，具有明显的继承性；另一方面，满洲入关前的风俗相对比较简单，入关后则潜移默化地受到汉族传统习俗的影响，实现着中华各民族文化的相互融合。

当然，皇帝是人而不是神，他们同样是父母所生，也有妻室儿女。只不过他们的家庭过于庞大，家人间的关系更为复杂，除了享受富贵荣华，有时也有辛酸与无奈。有关清代宫廷生活的历史，上下时限之长，前后变化之大，涵盖人物之众，展现内容之广，仅靠一部图录，自难囊括全貌。故此，本书只能择取代表性内容，在编排上有所侧重。

左远波

2019 年 3 月 5 日

图版目录

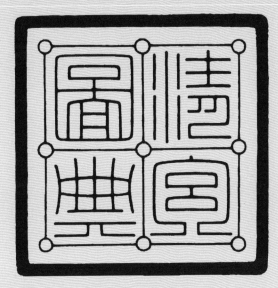

释文：清宫图典

服饰篇

　　衣冠服饰作为衣食住行之首，不仅是人类生活中的一项重要内容，也是历代礼仪制度中"分等级，定尊卑"的重要标志。服装的款式、质地、纹样、色彩等，都代表着服用者的身份和地位。

　　清代冠服制度，按等级分为皇帝、皇子、亲王、郡王、贝勒、贝子、额驸（驸马）、公、侯、伯、子、男、将军、一至九品官等多层，每一等级各用相应的冠、服、带、朝珠（文五品、武四品以上等官用）等。皇太后、皇后、妃嫔以下至公主、福晋、夫人、命妇等，冠、服、朝珠及其他佩饰也各有不同的规定。

　　宫廷冠服有冬、夏之分，其中衣服按不同用途分为：礼服，包括朝服、衮服、端罩，举行重大典礼与祭祀时穿用；吉服，又称龙袍，包括袍、褂两种，主要用于重大吉庆节日、筵宴；常服，亦分袍、褂两种，多用于严肃、庄重的场合，日常也可穿用；行服，包括袍、褂与裳，主要用于巡幸、狩猎；便服，包括便袍、衬衣、氅衣、马褂、紧身及袄、衫、裤等，为无重大活动时的平日便装，后妃便服也代表着清代妇女的衣着时尚。此外还有雨服、戎服等，分类庞杂，功用十分繁复。冠则有朝冠、吉服冠、常服冠、行服冠及钿子等多种。

　　宫中服装用料十分讲究，各种绸、缎、纱、罗、缂丝以及用孔雀羽毛、金线、穿珠装饰的衣料，都是由宫中派员到江宁、苏州、杭州三织造衙门督造。袍、褂等均先由宫廷如意馆画师先画样，经审定，再送三织造制作。皇帝的冠袍带履，由内务府的四执库负责管理，随时伺候穿戴。

清代冠服在沿袭前代旧制的同时，还保留一些满洲特色。如帝后朝袍上的箭袖、披肩领和皇后两肩的半月形饰缘，分别象征着马蹄、弓和马鞍的形象，表现了清朝"马上得天下"的辉煌历史。传统的箭袖为窄袖口，上加一块半圆形袖头，因形似马蹄，故又称"马蹄袖"。袖头平日挽起，出猎、作战时则放下，可以保护手背。入关后箭袖虽已失去原来的作用，但行礼时可以敏捷地挽起、放下，既有实用功能，又具装饰效果。

　　清代后妃们的首饰，按佩戴部位可细分为头饰、耳饰、颈饰、胸饰、腕饰、指饰等若干种类。它们多以金银、翠玉、珍珠、宝石制作，工艺上采用累丝、掐丝、镶嵌、点翠等手法精雕细琢。各项金玉珠宝不外造办处制作和进贡两个来源，在体现出六宫粉黛的高贵典雅的同时，也有严格的等级制度之别。

冠服

（一）礼服

001

《康熙帝朝服像》

年代　清康熙
作者　佚名
收藏单位　故宫博物院

　　礼服是帝后在登极及元旦、万寿、冬至三大节重大典礼，或者在祭天、地、日、月与先蚕等活动时穿用的配套服装。皇帝礼服主要包括端罩、衮服和朝袍。图中康熙帝身穿朝袍、头戴朝冠、胸佩朝珠、足蹬朝靴，为夏季服饰。

002

皇帝夏朝冠

年代　清乾隆
收藏单位　台北"故宫博物院"

　　夏朝冠亦称凉帽，是由一种满洲人称为"得勒苏"的草杆编成。这是乾隆帝的一顶夏朝冠，呈斗笠状，外裱白罗，内衬红纱，边缘饰黑色织金锦，上面铺饰朱纬，顶平覆锦，植冠顶，冠额缀金佛（此冠金佛为后配）及舍林。清代朝冠分冬夏两式，冬用熏貂，夏用草杆或藤竹丝，形制自皇帝至文武百官基本一致。

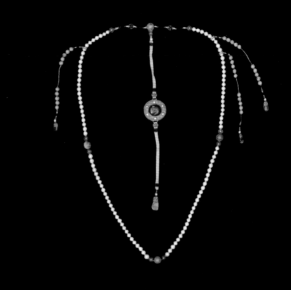

003

东珠朝珠

年代 清咸丰
收藏单位 故宫博物院

　　朝珠是清朝礼服的一种佩挂物，由佛教的念珠演变而来，大体由珠身、佛头、记念、背云、大小坠角组成。朝珠共108颗，挂在颈上，垂在胸前。其中每27颗间穿入大珠1颗，共4颗，称作"佛头"；两旁共附小珠3串，左二右一，各10颗，名为"记念"；另外有一串珠垂于背，称作"背云"。

　　上自皇帝、后妃，下至文官五品、武官四品以上，皆可配挂朝珠。朝珠的材质有东珠、青金石、蜜蜡、珊瑚、绿松石、翡翠、玛瑙、水晶、琥珀、沉香木、象牙、碧玺等。根据不同的身份、等级和场合，佩戴不同材质的朝珠。其中东珠朝珠最为珍贵，只有皇帝、皇太后和皇后才能佩戴。

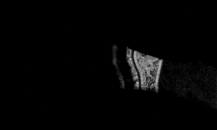

004

明黄色缎绣云龙纹貂皮镶海龙皮朝袍

年代 清康熙
收藏单位 故宫博物院

　　朝袍是皇帝在朝贺、祭祀活动时穿的服装，为上衣、下裳相连的长袍形式。此为康熙帝在地坛祭地穿用的礼服之一，采用与"地"同色的黄色。圆领、大襟右衽、马蹄袖、带披领、身长150厘米。紫貂皮里，领、袖镶海龙皮边。皇帝祭天、地、日、月所穿朝袍，分别采用蓝、黄、红及月白色。

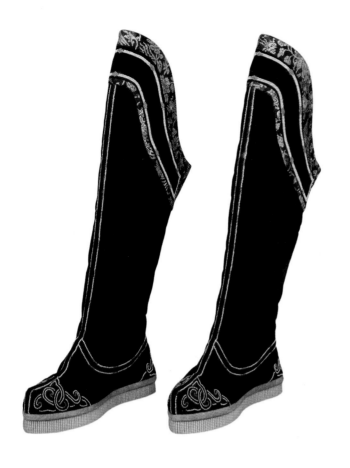

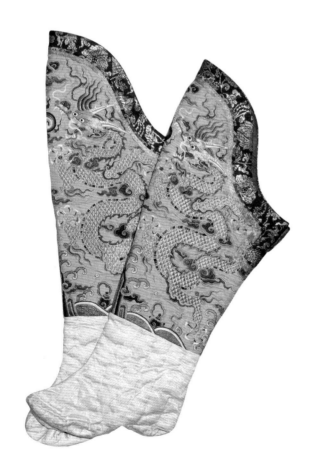

石青色绒串珠绣朝靴

年代　清康熙
收藏单位　故宫博物院

这是康熙帝与朝服配套穿用的朝靴，以漳绒缝制，使用金线、米珠和珊瑚绣制装饰花纹，穿用时既坚硬耐磨又柔软舒适。清代满洲男子承袭其先人骑射旧俗，平时亦多穿靴子。

明黄绸绣云金龙高腰棉袜

年代　清康熙
收藏单位　故宫博物院

皇帝冬季举行庆典时所穿棉袜。上部高腰为明黄色缎地，以金线绣金龙、五色绒线绣彩云海水，包以金边。下部为白色暗花软缎，内絮棉花，既柔软又保暖。

《孝贤纯皇后朝服像》

年代　清乾隆
作者　佚名
收藏单位　故宫博物院

　　后妃礼服主要为朝褂、朝袍和朝裙，穿着顺序为内裙、中袍、外褂。图中乾隆孝贤皇后身穿朝服、头戴凤冠、颈佩领约、胸挂朝珠，为冬季服饰。

008

皇后冬朝冠

年代　清
收藏单位　故宫博物院

　　皇后在冬季朝会（如万寿、冬至、元旦三大节庆典，册立皇后等仪式）中所戴之冠，俗称"凤冠"。以熏貂皮为地，饰朱红色丝绒。冠顶饰3只展翅欲飞的金凤，每只头顶、颈部、两羽之上，各饰以东珠，凤尾散缀珍珠。其中以顶端镶嵌的大东珠最为耀眼。朱红丝绒周围缀金凤7只，冠后部饰金翟鸟1只，各饰东珠、猫睛石和珍珠。翟尾垂挂珠穗五行二排，饰有金与珊瑚制成的坠角。

　　皇后夏朝冠形制、装饰与冬朝冠基本相同，只是把金凤变成金镶桦皮凤。

石青色缎绣云龙金版嵌珠石夹朝褂

年代 清乾隆
收藏单位 故宫博物院

后妃礼服之一。圆领，对襟，内衬红色暗团龙织金寿字缎里，身长 130 厘米。前后身各绣金龙 2 条，间以五彩云蝠、八宝，以米珠、珊瑚珠串绣团寿字。边缘缀嵌珊瑚、绿松石金版。穿用时罩在朝袍之外，与《孝贤纯皇后朝服像》一致。

明黄色纱绣彩云金龙纹女夹朝袍

年代 清嘉庆
收藏单位 故宫博物院

皇太后、皇后礼服之一。圆领，大襟右衽，左右开裾，马蹄袖，附披领，身长 135 厘米。明黄色纱面，湖色团龙纹纱里。通身绣彩云金龙纹，间以牡丹、菊花，下摆绣八宝平水纹。里外共绣正龙、行龙 22 条，可见穿用者地位之尊崇。

石青色寸蟒妆花金版嵌珠石夹朝裙

年代　清乾隆
收藏单位　故宫博物院

　　乾隆孝贤皇后礼服之一。圆领，大襟右衽，左
右开裾，后身垂带 2 条，身长 145 厘米。分上中下
三段，内衬月白色素丝绸里：上夹，用红色团寿织
金缎；中单，面料同上；下棉，用蓝色寸蟒妆花缎。下
摆彩织四层行龙，间以五彩云纹。

金镶青金石金约

年代　清
收藏单位　故宫博物院

　　后妃等穿朝服时，佩戴在朝冠下檐的饰品，形似圆形发卡，用以束发。由金箍和后部垂缀的串珠两部分组成，金箍的节数和串珠的行数体现后妃等级地位的高低。这件金约为清代嫔使用，串珠已缺失。金箍由八节金托组成，上下两缘饰累丝云纹，每节中间嵌青金石。各节间用梅花形金铆钉相连，外有累丝金云，金云中间嵌东珠1颗。

013

金镶青金石领约

年代　清
收藏单位　故宫博物院

　　领约又称为项圈，是后妃穿朝服时用于约束颈间衣领的饰物。这件领约为环形活口开合式，环上镶嵌长条形青金石4块、红色料石2块，其上又嵌红宝石2颗、蓝宝石2颗、东珠1粒。活口处为金质錾花云蝠纹，上面各系明黄色绦带1条。其中一条绦带上缀红色料石珠和红色料石坠角各一，另一绦带上坠角已缺失。

　　领约以所饰东珠数和两端所垂绦色区别等级，其中皇太后、皇后领约：镂金为之，饰东珠11颗，间以珊瑚；垂明黄绦，中各贯珊瑚，末缀绿松石各2颗。

大红色缎绣花卉彩帨

年代　清
收藏单位　故宫博物院

　　彩帨是后妃等女性所用的一种佩巾，以色彩和所绣的纹饰区分等级，使用时佩挂于朝褂的第二颗纽扣上，垂于胸前。

　　这条彩帨呈上窄下宽的狭长条形，以红缎做成，上绣蝙蝠、暗八仙、寿桃、灵芝、寿山福海等图案。上端系于一块刻有蝠磬图的青白玉半圆环上，上系黄色丝带连缀浮雕龙纹红珊瑚扁珠。玉环上另有8组16条挂坠，上系红珊瑚珠缉米珠，坠角有红珊瑚、绿松石、金星石葫芦、碧玉、白玉仔料芭蕉叶、白玉瓶、红珊瑚花篮、红珊瑚点翠金箍蚌壳宝剑、银箍红珊瑚阴阳板等，有暗八仙之意。彩帨上端有一金镂空梯形箍，嵌红宝石和翡翠。黄带上有金累丝托碧玺坠角二，并串有珍珠。

（二）吉服

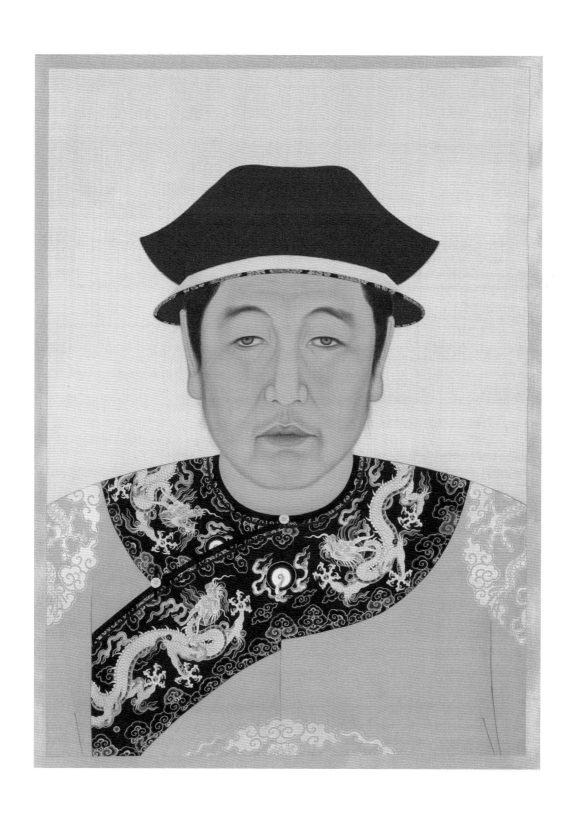

015

《顺治帝吉服像》

年代　清
作者　佚名
收藏单位　故宫博物院

　　吉服是皇帝、后妃在吉庆节日等场合穿用的服装，主要包括吉服冠、吉服袍和吉服褂。其中，吉服袍又称龙袍，既可与褂配套穿，也可单件用。图为顺治帝穿龙袍、戴吉服冠的半身画像。

016

熏貂皮冬吉服冠

年代　清
收藏单位　故宫博物院

　　皇帝冬季穿吉服时所戴冠帽。紫貂皮帽檐、石青色缎面、缀以朱纬，冠顶为金錾花点翠金座，上嵌大珍珠 1 颗。内衬红色棉布里，垂蓝色帽带。

017

铜镀金点翠镶珠石凤钿

年代　清光绪
收藏单位　故宫博物院

　　钿子是后妃穿吉服时戴的一种冠帽，因形似覆簸箕，又称"覆箕子"。一般用藤片编成帽架，也有在纸板或细铁丝上缠绕丝线编成网格状，再嵌以宝石、珍珠，组成各种吉祥图案。此为光绪孝定皇后所戴钿子，顶部圈以点翠镂空古钱纹装饰，称作"头面"，下衬红色丝绒。钿口饰金凤 6 只，钿尾饰金凤 5 只，下饰金翟鸟 7 只，均口衔各种串珠、宝石璎珞，尽显珠光宝气。

018

青绒银镀金嵌珠石头箍

年代　清嘉庆
收藏单位　故宫博物院

　　头箍是后妃佩戴于钿子之下，用以束发的装饰。这件头箍呈三角形，用青绒制成，附墨书黄纸签："嘉庆六年十月十五日收，敬事房呈，览银镀金花托六块玻璃花托五块嵌假珠十一颗。"

019

明黄色妆花纱云龙纹夹龙袍

年代　清顺治
收藏单位　故宫博物院

　　顺治帝穿用的吉服袍。圆领、大襟右衽，马
蹄袖，前后左右四开裾，身长 112 厘米。明黄色
云龙妆花纱面，内衬明黄色纱里，通身饰正龙、行
龙图案 16 条，下摆为海水江崖图案。龙袍与朝袍
的主要区别在于：朝袍为上衣下裳相连式，附披
肩领；龙袍则为直身式，无披肩领。

雪青色妆花缎八团云龙纹绵龙袍

年代　清雍正
收藏单位　故宫博物院

　　皇后吉服之一。圆领，大襟右衽，马蹄袖，左右开裾，身长 154.5 厘米。雪青色妆花缎面，通身饰八团正龙图案，下摆为海水江崖图案，内衬白色素绸里。吉服又称"彩服""花衣"，并非都是黄色加金龙图案形式，而是可以根据不同时令或帝后等人的兴趣爱好，随时变换衣服的色彩与纹样。

021

杏黄色缂丝云龙纹蟒袍

年代　清嘉庆
收藏单位　故宫博物院

　　皇子吉服之一，身长69厘米。皇子以下至
八九品，乃至不入流官员的吉服袍，均可称作蟒
袍。其中，皇子、亲王、郡王等穿用的蟒袍，上
面或织或绣均有五爪金蟒16条，间饰五彩云蝠等
纹饰，下摆为海水江崖纹。

022

石青色缎绣八团喜相逢夹褂

年代　清乾隆
收藏单位　故宫博物院

　　后妃吉服之一。圆领、对襟、平袖、后开裾，身
长 142.5 厘米。石青色缎面，通身彩绣八团花卉纹
样，内衬月白色暗花里。吉服褂与吉服袍配套穿
用时，袍在里，褂在外。

（三）常服

023

《玄烨行乐图》

年代　清康熙
作者　佚名
收藏单位　故宫博物院

　　常服是帝后穿用较多的一类服装，它既有礼服的性质，又具吉服的作用，多用于比较严肃、庄重的场合，如举行经筵大典、丧期内的吉庆节日等等。通常以素色、暗花为主格调。常服主要包括常服冠、常服袍和常服褂，图中康熙帝即身着全套常服。

024

石青色缎常服褂

年代　清乾隆
收藏单位　故宫博物院

　　皇帝常服之一，通常套穿于常服袍外。圆领，对襟，平袖，左右及后开裾，身长 142.5 厘米。石青色缎暗团龙面料，衬白色暗花绫里。

025

柳绿色羽毛缎常服袍

年代　清同治
收藏单位　故宫博物院

　　同治帝常服之一，可与常服褂配套，亦可单独穿用。圆领，大襟右衽，马蹄袖，前后左右四开裾，身长 142.5 厘米。

026

银灰色暗花缎常服袍

年代 清道光
收藏单位 故宫博物院

皇后春秋常服之一。圆领，大襟右衽，马蹄袖，左右开裾，身长139厘米。银灰色江山万代纹暗花缎，蓝色丝绸里。

（四）行服

027

《弘历刺虎图》（局部）

年代　清乾隆
作者　[意]郎世宁等
收藏单位　故宫博物院

　　行服是皇帝出巡、狩猎时所穿服装，主要包括行冠、行袍、行褂、行裳和行带。穿用方法是内着行袍、外罩行褂、下身系行裳、腰间系行带，属于独具民族特色的服装。此图即描绘乾隆帝身穿行服刺虎情形。

夏行服冠

年代　清道光
收藏单位　故宫博物院

　　皇帝夏季所戴行服冠，形如斗笠。本色丝织席纹纱面，内衬大红色绉绸里。下缘嵌石青色花卉纹织金缎绦边，前缀大东珠1颗。上饰大红色丝线盘花冠顶，四周垂红丝拈线。冠内钉红绸软帽圈，垂蓝布抽拉系带。

029

石青色缎银鼠皮行服褂

年代　清康熙
收藏单位　故宫博物院

　　康熙帝行服之一。圆领，对襟，短平袖，左右及后开裾，身长76厘米。石青色缎面，内衬银鼠皮里。

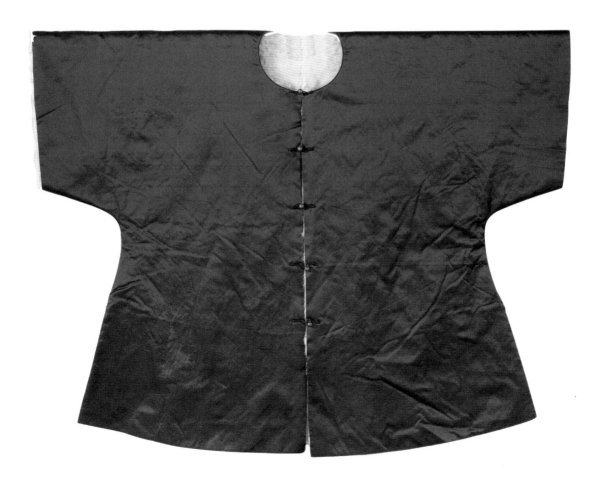

油绿色缎暗云龙纹绵行服袍

年代 清康熙
收藏单位 故宫博物院

　　康熙帝行服之一。圆立领，大襟右衽，马蹄袖，前后开裾，身长136厘米。油绿色缎面织暗色如意云龙纹，月白色暗花绸衬里，内絮薄棉。领缀紫貂皮，袖口作银鼠皮出锋。

酱色羽毛缎行裳

年代 清雍正
收藏单位 故宫博物院

　　皇帝行服之一，满语称"都什希"。形如围裙，分左右两片，中间开裾。酱色羽毛缎面料，以加捻毛纱织造，具有耐磨、防雨之效。蓝布腰襕延及两侧系带，穿用时系于腰间；内侧两端各钉缀细带2条，分别束于两腿。

行服带

年代 清康熙
收藏单位 故宫博物院

　　皇帝穿行服时所系腰带。明黄色丝带，两带环各垂被称作"帉"的白色高丽布条带，带环下共拴挂饰件6种：荷包4个、火镰1个、鞘刀1把，明黄色绦饰松石、珊瑚结，均为皇帝出行必随身携带之物，反映出游牧生活旧俗。最初，荷包用以储食物，为途中充饥；帉可以代替马络带，马络带断了以帉续之，起初都用布，用于礼服后则改用丝绸。

　　皇帝穿朝服、吉服、行服，腰间分别系朝带、吉服带和行服带。颜色均用明黄，形式也大同小异。

（五）雨服

033

大红色羽纱雨衣

年代　清康熙
收藏单位　故宫博物院

　　清代君臣在朝会、祭祀、出行等活动时，遇到雨雪天气均穿雨服。雨服是清代男子特有的冠服，一般由雨冠、雨衣和雨裳三部分组成，根据穿用者身份的不同，也有相应的制度规定。这件朱红雨衣为康熙帝的御用雨服，形如常服褂而加立领，面料系用羽毛纱线织成，上面隐现水波纹，虽轻薄却能防细雨，工艺十分精湛。

（六）便服

034

《奕䜣便装行乐图》

年代　清咸丰
作者　佚名
收藏单位　故宫博物院

　　便服是皇帝、后妃日常闲居时所穿服装，包括便袍、马褂、氅衣、衬衣、坎肩、袄、裤等。这类服装穿着舒适，且受服饰制度约束较少，故形式、颜色和花纹都十分丰富，故宫博物院至今仍收藏有大量实物。图中咸丰帝即身穿便袍、坎肩，手持羽扇，安闲地坐在御苑的石桌旁。

035

石青色缎缉米珠灯笼纹如意帽

年代　清光绪
收藏单位　故宫博物院

　　如意帽俗称"瓜棱帽"，这顶小帽为光绪帝穿便服时所戴。它用6片石青色缎缝合而成，以红绒结顶，顶后垂红缨。帽檐用卐字纹织金缎缘边。帽上的双喜灯笼纹样，系用各色米珠缀绣而成，工艺复杂、色彩鲜艳。

036

蓝色纱暗团龙纹便袍

年代 清乾隆
收藏单位 故宫博物院

　　皇帝便服之一。圆领，大襟右衽，平袖，左右开裾，面料通常选用素色或暗花的绸、缎、纱，与常服袍的最大区别是平袖而非马蹄袖。这件便袍面料为蓝色团龙纹暗花纱，内衬月白色素丝绸里。

037

明黄色暗花春绸草上霜皮马褂

年代 清嘉庆
收藏单位 故宫博物院

　　皇帝便服之一，是由行服褂变化而成的短身、短袖上衣，穿用时罩在常服袍或便袍的外面。这件马褂为圆领，对襟，平袖，左右及后三开裾，身长63厘米。面料为明黄色暗葫芦花四合如意云纹春绸，里为小羔羊皮加工而成的"草上霜"皮，柔软轻薄，冬季穿用舒适保暖。

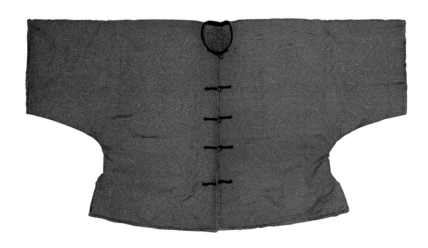

038

沉香色暗花四季海棠葡萄纹斗篷

年代　清康熙
收藏单位　故宫博物院

　　皇帝便服之一，冬季出门时穿用。圆领、对襟、后开裾，身长140厘米。分内外两层，内层为一件宽袖小棉袄，外层为宽大的斗篷，领口连为一体。斗篷面料为沉香色春绸，织暗花海棠葡萄纹，寓意子孙满堂；衬月白色绸里，絮薄棉。棉袄贴身保暖，斗篷挡风御寒，舒适而实用。

039

黄色缎织金云龙纹夹裤

年代　清顺治
收藏单位　故宫博物院

　　顺治帝御用便服之一。斜裆、平裤脚，裤腰缝黄色腰带4条，裤长133厘米。裤身为黄色云龙妆花缎面料，以金线织行龙，其间饰火珠、如意云纹。裤腰、裤脚均接蓝色绣云龙纹妆花纱。

040

《孝贞显皇后便服像》

年代 清晚期
作者 佚名
收藏单位 故宫博物院

在清宫便服中，女装更为华丽多彩，代表着清代满族妇女的衣着时尚。其中，最具代表性的是氅衣和衬衣。此图描绘了咸丰孝贞皇后（即慈安太后）年轻时身穿便服、在花园中休憩的形象。

041

洋红缎彩绣花蝶夹氅衣

年代 清同治
收藏单位 故宫博物院

后妃便服之一，穿在衬衣、便袍之外。圆领、大襟右衽，平袖、袖长及肘，左右开裾至腋下，身长135厘米。洋红色缎面料，内衬明黄色暗花绫里。胸前及背后彩绣变形蝴蝶喜相逢、牡丹、西番莲、百合图案，寓意富贵喜庆、百年好合。全身以蓝色绣线为主调，间绣四季花卉十余种，边饰采用石青色缎绣花蝶。色彩艳丽，当为传统的婚庆服装。

氅衣分绵、夹、单、纱多种，一年四季皆可穿用。袖口可挽起，内有方便拆换的袖头。

042

品月色缎平金银菊花团寿纹绵衬衣

年代 清光绪

收藏单位 故宫博物院

　　衬衣是后妃日常穿用最多的便服，一般穿在氅衣或马褂内，也可单独穿用。圆领、大襟右衽，不开裾，双层阔平袖呈折叠状，袖长及肘，身长掩足。品月色缎面料，粉色素纺丝绸里，内絮薄丝绵。通身以平金银绣技法，绣有9种菊花图案，间绣团寿字，寓意久居长寿。

043

绿色暗花缎琵琶襟皮马褂

年代 清光绪

收藏单位 故宫博物院

　　后妃冬季便服，穿用时套在袍服外面，与马甲（坎肩）的主要区别是有袖。这件马褂为圆立领、琵琶襟、平袖、左右及后开裾，身长74.5厘米。绿色牡丹纹暗花缎面料，雪青色素纺丝绸里，后背镶羊皮。立领口镶饰出锋，领、袖镶饰福寿字貂皮边。装饰华丽，既具宫廷服饰的端庄典雅，又显现出某种西洋风格。

044

茶青色缎彩绣牡丹纹夹坎肩

年代 清光绪

收藏单位 故宫博物院

　　后妃便服之一，坎肩又称紧身。圆领、对襟、无袖、左右及后开裾，身长及胯。茶青色缎面料，湖色素纺丝绸里。以套针、戗针等技法绣牡丹，设色典雅，构图柔美。边饰湖色缠枝石榴纹条、元青色缎绣牡丹团寿字边、月白色卐字织金缎边，开裾处及前襟下幅盘饰如意云头图案，代表了清代晚期以繁缛为美的风尚。

　　坎肩可分对襟、琵琶襟、大襟、一字襟、人字襟等多种款式。

045

石青色缎绣百蝶纹大襟夹褂襕

年代 清同治

收藏单位 故宫博物院

　　后妃便服之一，又称大坎肩，春秋两季罩在衬衣外面。圆领，大襟右衽，无袖，左右开裾，身长及踝。石青色缎面料，粉色暗花绫里。通身以平金技法绣百蝶图案，边饰白地长寿字蝴蝶纹条、香色小朵花条和元青色绸五彩绣百蝶边，均为祝福长寿的主题，当为年纪较大的后妃所穿。

046

明黄色绸绣荷兰蝶单套裤

年代 清

收藏单位 故宫博物院

　　后妃夏季便服之一。明黄色四合如意暗花纹绸面料，绣五彩荷花、蝴蝶等图案。裤脚镶品月色素缎边，内侧开裾。宫中裤子款式有两种：其一是带腰、斜裆，两裤腿展开呈人字状，俗称"免裆裤"，男女均可穿用；其二是这种套裤，两条裤腿不相连，穿时各套于内裤之外，上端系在腰带上。

047

白玉各式纽扣

年代　清
收藏单位　故宫博物院

　　纽扣作为服饰中的重要配饰，在清代已被广泛使用，从材质、形状以至制作工艺越来越丰富多彩。清代宫廷服饰上的纽扣，除民间常用的铜制的小圆扣和布料制成的盘结扣外，制作更为精巧、考究。镀金扣、镀银扣、烧蓝扣、料扣、白玉扣、包金珍珠扣、镶翡翠扣、嵌金玛瑙扣，以及珊瑚扣、蜜蜡扣、琥珀扣等等，斗胜争奇，应有尽有。图为白玉制成的各式纽扣。

048

湖色缎绣荷花嵌珠花盆底鞋

年代　清光绪
收藏单位　故宫博物院

　　后妃用鞋。高底呈花盆状，由木头制成，外裱一层白布，上罩白色涂料，四周钉缀彩色料石组成彩带纹样，缝百衲布底。鞋帮由两种缎料拼接而成，湖色缎上绣荷花，鞋口黑缎上钉料石，鞋头部接缝黄穗，鞋里衬白布。

　　清代后宫流行高底鞋，鞋底均为木制，依其形状有元宝底、花盆底和高底三种形式。花盆底因形似马蹄，又称为马蹄底。

049

白色绫画花蝶纹短袜

年代　清乾隆
收藏单位　故宫博物院

　　后妃所穿之袜。用白色暗花绫做成，淡墨勾画花卉和蝴蝶纹饰，再以淡彩渲染，清新别致。宫中无论男袜女袜，多用绸缎等材料缝制，按不同季节有单袜、夹袜和棉袜，依袜筒长短又有高勒、中勒和短勒之分。这双属于春秋所穿的短勒夹袜。

（七）童装

050

《大阿哥大公主庭院游戏图》

年代　清道光

作者　佚名

收藏单位　故宫博物院

清宫儿童服装同样用料考究，精工细作，但总体来说以舒适、美观为主，凸显儿童的天真烂漫。这是道光帝的大阿哥奕纬与大公主端悯固伦公主在庭院内玩耍的场景。

051

杏黄色缎虎头式棉风帽

年代　清咸丰至同治

收藏单位　故宫博物院

同治帝幼年时所戴之帽。以杏黄色缎制成、帽脸略呈长圆形，外观似小披风。帽上绣虎眉、虎目、皮鼻、虎口、虎须等纹饰，并突出象征虎之威猛的"王"字。衬月白色绸里，内絮棉花。虎头帽与虎头鞋一样，也是一种传统的童帽样式，在我国北方地区尤为流行。儿童戴虎头帽，不仅具有驱祸避邪、吉祥寓意和防寒保暖的实用性，其虎头虎脑的造型更使儿童惹人喜爱。

052

杏黄色菊蝶纹实地纱画虎皮纹小单袍

年代　清咸丰至同治
收藏单位　故宫博物院

同治帝幼年时的夏季便袍。圆领，平袖，大襟右衽，左右开裾，身长 57 厘米。杏黄色菊蝶纹实地纱面料，平滑细腻，穿着舒适凉爽。上绘虎皮纹，既有借虎威驱邪避害之意，又使小皇子显得活泼可爱。

053

杏黄色菊蝶纹实地纱画虎皮纹小夹裤

年代　清咸丰至同治
收藏单位　故宫博物院

同治帝幼年时所穿套裤，裤长 28 厘米。两条裤腿不相连，上端有环状布带和绳状布带各一条，穿时分别套于两腿，拴系在腰带上。杏黄色菊蝶纹实地纱面料绘虎皮纹，月白色暗花纱里，穿着舒适。

054

杏黄色缎钉金线虎头小夹鞋

年代　清咸丰至同治
收藏单位　故宫博物院

同治帝幼年时所穿之鞋。虎头鞋是一种传统的童鞋，鞋头呈虎头模样，借助形象逼真的图案，期盼孩子虎头虎脑、健康成长。虎头鞋在清宫同样受到喜爱，这双小夹鞋用杏黄色缎做成，上用金线钉绣云纹及虎头纹。黄、黑两色的搭配组合，使得纹样生动写实，式样小巧可爱。

香色暗花绉绸四合铃杵纹棉坎肩

年代 清咸丰至同治
收藏单位 故宫博物院

同治帝幼年时的便服，春秋穿着在便袍外面。圆领、无袖、琵琶襟，左右开裾，身长 24 厘米。四合铃杵纹暗花绉绸面料，月白色素绫里，絮薄棉，穿着柔软舒适。

红色绉绸菊花纹大襟小棉袄

年代 清咸丰至同治
收藏单位 故宫博物院

公主婴儿时的冬季棉衣。圆领、宽平袖、大襟右衽，身长 46 厘米。红色菊花纹暗花绉绸面料，月白色素绸里，中絮薄棉。镶黑色地卍字花卉纹襟边，袖口内镶小朵花纹绦边，里衬月白色暗花绫，挽起时可显露于外，美观而又实用。

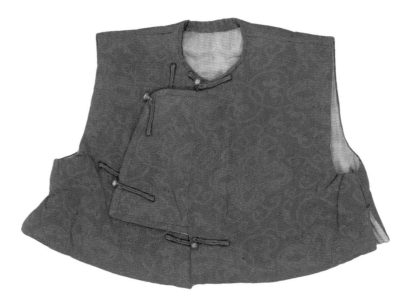

057

桃红色暗花绸小夹裤

年代　清咸丰至同治
收藏单位　故宫博物院

　　公主婴儿时期穿用的连裆裤，身长39厘米。桃红色暗花绸为面料，月白色素绸里，腰围接白色细棉布，裤脚镶黑色地蓝卍字花卉纹绦边和黄色小朵花纹绦边。轻便柔软，非常适于婴儿穿用。

058

红色暗花绉绸竹梅纹小夹兜肚

年代　清咸丰至同治
收藏单位　故宫博物院

　　婴儿穿用的服饰，用于前胸和腹部保暖。红色竹梅纹暗花绉绸面，月白色细布里。展开后呈边长30厘米的正四边形，一角为委角，饰青色菊花纹边、黄色朵花绦，相邻两角用浅绿色暗花绸腰带相连于腰后。穿用时下面呈倒三角形，遮过肚脐和小腹。胸前装饰黄色金锭，寓意保定，期盼孩子长命百岁。

059

蓝色绸夹屁帘

年代　清咸丰至同治
收藏单位　故宫博物院

　　屁帘是幼童穿开裆裤时的服饰，一般为长方形，有两根带子系腰后，以遮挡风寒保护臀部。这件屁帘通长52厘米，蓝色纹暗花绸面，月白色布里、布腰、布带，供孩童用既方便又舒适。

佩饰

黄色缎穿米珠绣蝠寿双喜纹活计

年代　清光绪
收藏单位　故宫博物院

　　活计为刺绣、缝纫类小件制品的通称。一般用于服装佩饰，或在卧室幔帐内悬挂，以荷包、香囊最为常见。这是光绪帝大婚时的御用佩饰，全套9件：荷包1对，烟荷包、褡裢、表套、扇套、槟榔袋、扳指套、眼镜套各1件。明黄色缎面，串彩色米珠绣卍字、红蝠、双喜、如意云头等，组成万福、万寿、双喜、如意的吉祥图案。

金錾梅花嵌珠宝带钩

年代　清
收藏单位　故宫博物院

　　带钩是古人腰带两端的挂钩，最早见于春秋时期，一直沿用至汉代，明清时再度出现和使用。带钩的形状丰富多样，有动物形、琵琶形、棍形等，长短、宽扁不一。这件金錾梅花嵌珠宝带钩为清代皇帝的御用之物。

翡翠镂双蝠双喜纹佩

年代　清
收藏单位　故宫博物院

　　玉佩即玉制佩饰，多挂在颈部或腰间。人身饰玉之俗，自新石器时代开始，一直延续至今。清宫玉佩，广义上包括玉、翡翠、碧玺等多种质地，造型、图案少有雷同。

　　这件翡翠佩呈长方形，顶部穿系黄色丝绳，上系碧玺结珠，下端垂双色丝线穗。主体镂雕双喜、双蝠图案，寓意福喜双至。

063

翡翠雕吉庆有鱼香囊

年代 清

收藏单位 故宫博物院

　　香囊又称香袋，由一种用布做成的小袋演变而来，内装香料或鲜花的花瓣，可以随时佩戴或挂于床帐。清宫香囊材质珍贵，种类繁多，工艺考究，是深受皇帝后妃喜欢的佩饰。

　　这件翡翠香囊呈扇形，两面分别镂雕磬和双鱼纹，周边镂雕缠枝莲，寓意吉庆有余。两端各系一珊瑚结珠。上端系红丝绳，编盘肠结，其上下又各系缉米珠结；下端缀珊瑚米珠穗，各垂翡翠坠角。

064

桃红碧玺瓜式佩

年代 清

收藏单位 故宫博物院

　　碧玺质，桃红色，瓜形，凸雕叶和枝蔓。佩顶部穿孔系黄丝线，上系鸟形翡翠结珠，结珠上下各有米珠一组。瓜为蔓生植物，多籽，寓意子孙万代。

065

金累丝花纹香囊

年代　清同治
收藏单位　故宫博物院

　　圆形，以金累丝镂空编制锦纹，两面均饰三组点翠花叶纹。下端有一活动插纽，用于开合。上下均系黄色丝绳，饰红珊瑚雕福寿纹结珠2颗、缉红白米珠6组。此香囊附有黄签："同治元年二月十四日收沈魁交。"

066

象牙镂雕葫芦式花囊

年代　清
收藏单位　故宫博物院

　　花囊即香囊，以2块象牙镂雕合成。每块象牙均用镂雕、阴刻技法，通体雕刻小葫芦、小花、枝叶、双钱纹及"大""吉"2字，具有多种、吉祥、富贵、长寿等多重寓意。花囊两端及两瓣花囊之间，以黄丝绳穿梭相连，使香囊盒两片紧合为一。另饰珊瑚结珠、盘肠结，缀红、黄丝穗。设计巧妙，做工精细，当为广东牙雕高手之作。

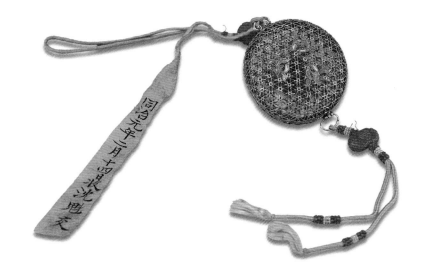

067

金壳打簧怀表

年代 19 世纪

收藏单位 故宫博物院

18K 金表壳，通体素面无纹饰，通过表把上弦。打开前盖，可见表盘罩在玻璃表蒙内，白珐琅表盘位于中间，双针，下部为单独秒圈及秒针。表盘周围有 4 个手臂可活动的珐琅人，分别为敲钟人、奏乐人和雕刻工匠，上面的小天使也能左右移动。打开后盖，可见白钢机芯。推动表侧的推把，敲钟人敲钟报时，其他人物同时活动。

清代贵族以佩戴怀表为时尚，这是当时流行的打簧活动人物表。

068

金累丝嵌松石斋戒牌

年代 清

收藏单位 故宫博物院

斋戒牌是皇帝及王公大臣的一种警示牌，于斋戒、祭祀时佩于胸前，以期约束身心。形状有方、圆之分，材质有玉、木和象牙之别。这枚斋戒牌为长圆形，边缘为金累丝卷云纹，中部金累丝梅花 4 朵，两面分别用青金石嵌满汉文"斋戒"2 字。上下嵌松石，其中上为兽面纹，以红珊瑚为眼、青金石为眉。两端以黄丝绳、珍珠、红珊瑚蝙蝠穿系。

069

金镶翠表链

年代　清
收藏单位　故宫博物院

　　金链环环相扣，一端有金环、活扣，与怀表相接。另一端连 3 个翠坠，一个为圆柱形，另两个雕刻蝙蝠与钱币，寓意福到眼前。这副表链曾为逊帝溥仪所用，后被携带出宫，1955 年回归故宫博物院收藏。

070

绿玻璃活梁近视镜

年代　清
收藏单位　故宫博物院

　　眼镜作为保护眼睛和矫正视力的光学用具，最早于明宣德时期由西方传入中国，清代皇帝更是青睐有加。故宫博物院收藏有数十副清宫遗存的眼镜，包括平光镜、近视镜和老花镜，其中以老花镜居多。镜片均为圆形或椭圆形，有水晶、茶晶、墨晶及玻璃之分；镜架梁则有金、银、铜、骨、象牙、玳瑁、牛角、木等，分别配有不同形状和材质的精美镜盒。

　　这副眼镜为绿色玻璃镜片，折叠式牛角镜架，黑漆镜盒上贴嵌象牙签条，墨书"绿玻璃近视眼镜"字样。

071

黄玻璃活梁花镜

年代　清

收藏单位　故宫博物院

镜片为淡黄色玻璃、折叠式玳瑁镜架，无镜腿，两侧拴系丝绳，佩戴时可系绕在双耳或两侧帽檐上。黑色鲨鱼皮镜盒，盒盖贴嵌象牙签条，墨书"三十三岁黄玻璃"。在故宫博物院收藏的同类眼镜中，镜盒上还有"三十五岁墨晶""五十岁玻璃"等字样，当是以年龄作为度数标识的花镜。

072

活梁水晶眼镜

年代　清道光

收藏单位　故宫博物院

共 3 副，镜片一副为茶晶，另两副为水晶。均为折叠式玳瑁镜架，两镜片上方以铜支架固定连接，外侧系黄丝带 2 条。黑漆皮镜盒，盒内衬以黄缎，盖内分别书朱字："启明斋制，水晶眼镜，言无二价。""启明斋制，水晶眼镜，如假包换。""洪兴局，本局自制水晶眼镜，如假包换，开设在京都琉璃厂东门路北。"

清宫眼镜的来源有三：一是西洋人、王公大臣及粤海关官员进献，二是内务府造办处制作，三是从专门的店铺购买。"启明斋""洪兴局"当为北京琉璃厂经销眼镜的知名商号。

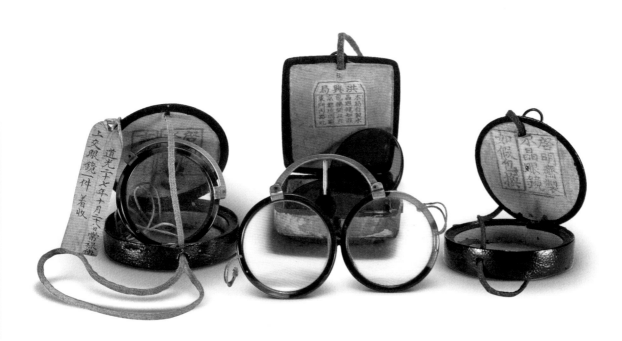

三

首饰

（一）头饰

073

银镀金嵌珠宝钿花

年代　清

收藏单位　故宫博物院

　　后妃插在钿子上的饰物。此钿花为花束状，通体银镀金点翠，构成灵芝仙草，曲折四蔓。其间点缀桃形花果，果实以红宝石、蓝宝石、碧玺、珍珠和晶石等镶嵌而成，工艺精致细腻。灵芝仙草与桃形花果组合，寓意群仙祝寿。

074

银镀金嵌珠宝松鼠簪

年代　清同治

收藏单位　故宫博物院

　　簪又称簪子、发簪，是古代妇女固定发型的首饰，清代妇女尤其喜用发簪。形式一般为单挺，双挺则称为钗。清宫发簪种类繁多，做工精致，多在金或玉上镶附宝石，组成松鼠、蝴蝶、蜜蜂、蝙蝠及花卉等图案。

　　此簪为银针，簪首有银镀金累丝松鼠，点翠花叶，嵌珠、翠、紫晶、碧玺及红宝石，造型别致，为后妃的佩戴物。附有黄签："同治元年三月三十日收。"

075

银点翠嵌蓝宝石簪

年代 清

收藏单位 故宫博物院

银质，柄有三层镀金点翠莲花托：一层为覆莲式，二层为仰莲上嵌珍珠1颗，三层为多层仰莲上嵌蓝宝石1块。所嵌蓝宝石大而圆润，成色上佳。此簪造型虽相对简单，工艺则相当精致。

076

银镀金嵌珠宝花盆式簪

年代 清道光

收藏单位 故宫博物院

呈花盆状，银镀金累丝镂空花篮，装饰银镀金荷花、蝴蝶、蜻蜓，嵌红宝石、晶石、珍珠等。造型繁复、工艺细腻，凸显皇家风格。

077

金嵌广片碧玺耳挖簪

年代　清道光
收藏单位　故宫博物院

　　金质，兼具簪与耳挖两种功能。一端呈长针状，另一端为耳挖；中间呈扁平片状，錾回纹、旋涡纹，嵌碧玺桃，翡翠卍字、蝙蝠、荷花，寓意万福万年。

078

银镀金点翠串珠流苏

年代　清
收藏单位　故宫博物院

　　流苏俗称"挑子"，属于"步摇"类，是附在簪、钗上的一种珠宝装饰。古代女子以静为美，流苏则反其道而行之，刻意强调动态之美。
　　这对流苏各由银钎和三串珍珠构成，银钎顶端为银镀金点翠云蝠纹装饰，寓意福在眼前。云蝠有孔穿环，与三串珍珠相连。三串珍珠每串各有珊瑚制成的双喜字结珠 2 枚，珠下端各有红宝石坠角。当为宫中大婚或其他喜庆节日，后妃头上所戴。

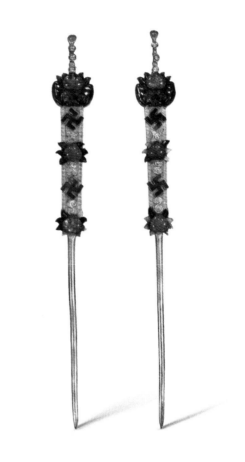

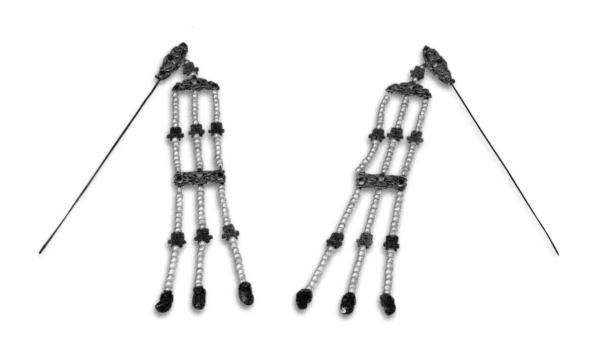

079

青白玉扁方

年代　清

收藏单位　故宫博物院

扁方是后妃束发簪，又称"大扁簪"，贯穿于发髻之中。满洲妇女梳两把头，最初是将头发梳成左右两把，扁方即起骨干作用；晚清两把头改为青缎制作的大拉翅，安在头顶上，与真头发梳成头座的连结也靠扁方。

扁方多以金、银、玉等材料制成。这枚为青白玉质，扁长体，通体镂空寿字与卍字相间，表面抛光。

080

金嵌玉石扁方

年代　清

收藏单位　故宫博物院

扁长体，簪头为卷花瓣形，嵌翡翠蝙蝠，两侧嵌碧玺梅花、珍珠各一。簪身为金镂空古钱纹地，梅花边，嵌双蝠捧团寿与卍字花相间，花心嵌珍珠。蝙蝠为粉红色碧玺，团寿及飘带花为翡翠。

081

绢头花

年代　清

收藏单位　故宫博物院

后妃首饰中也有不甚贵重的装饰，绢头花就是其中的一种，梳两把头、大拉翅时均可佩戴。

082

《仕女簪花图》

年代　清乾隆

作者　（清）金廷标

收藏单位　故宫博物院

梳妆打扮是后妃们日常生活的重要内容，此图表现的即一宫廷女子晨起后对镜理妆的情景。图中女子杏脸桃腮，皓齿朱唇，身段婀娜。为了取得良好的照镜角度，她不禁起身而立，双目注视着桌上的铜镜，同时左手缓缓地往云鬓上插玉簪。身后一侍女正在专心打理书架，窗外是含烟带雾的翠竹。人物举止自然，创作准确传神，充满后宫生活气息。

（二）耳饰

083

金镶东珠耳环

年代 清

收藏单位 故宫博物院

清代耳饰分两大类，即无流苏的耳环和有流苏的耳坠。满族传统风俗，妇女两耳各戴3件耳饰，称环形穿耳洞式的耳环为"钳"，故后妃们穿朝服时一耳戴三钳。耳环还是区分后妃等级的标志，如穿朝服时，皇后、皇太后所戴耳环各嵌东珠3颗，妃嫔耳环嵌1对珍珠，平时随意。

这对耳环为金托，镶3颗东珠，珠质光洁润泽，环式样简约大方，为皇后、皇太后所用饰物。

084

翠嵌珠宝耳环

年代 清

收藏单位 故宫博物院

后妃所戴耳环，多以金、玉、翠、珠、宝石等为之，不仅质料高贵、色彩华美，而且形式千变万化。这对耳环为翠玉质地，呈半圆形，一半为绿色，一半为白色。绿色端部为蜜蜂造型并附铜镀金质耳针，蜜蜂腹嵌粉红色碧玺，双翅由米珠组成，其余部分点翠，两根长须端各有珍珠1颗。设计精巧，配色讲究，造型尤为活泼。

085

金嵌珠翠耳坠

年代 清

收藏单位 故宫博物院

流苏式，金托嵌翡翠蝴蝶，背面有用于穿耳的金针。下坠珍珠一串，最上一颗为大珠，下有金托，刻"宝源九金"戳记。珍珠串下为茄形翡翠坠角，以荷花纹粉红碧玺为托，碧玺两侧嵌珍珠。

从戳记看，这对耳坠为民间珠宝店所制。

086

铜镀金嵌石耳坠

年代 清

收藏单位 故宫博物院

耳圈为铜镀金质，上坠白色包嵌红色花心的彩石。清宫后妃首饰多以金、银、玉、钻石、宝石、珍珠、翡翠、碧玺、珊瑚等材料制成，这对耳坠造型独特、做工精细，但却不用珍贵珠宝，有其独特韵味。

（三）胸饰

金项链

年代　清
收藏单位　故宫博物院

　　项链是最早出现的首饰之一，从古至今，不同材质和式样的项链不断满足着人们的审美需求。这条项链为金质、圆形、枣核形金珠相间，以金环相互链接，工艺简练而别致。

银镀金镶网式别针

年代　清
收藏单位　故宫博物院

　　银镀金质、蜘蛛网状、镶碧玺1块、珍珠2颗。

白金镶蓝宝石领针

年代　清
收藏单位　故宫博物院

　　白金质、镶星光蓝宝石1颗。曾被溥仪携带出宫，后回归故宫博物院收藏。

（四）腕饰

090

金镶伽楠香嵌金丝寿字镯

年代　清

收藏单位　故宫博物院

　　手镯又称臂环，古代男女通用，清代成为女性时尚首饰。清宫手镯种类繁多，有玉、翠、玛瑙、金、银等质地，有的镶嵌珠宝。这对手镯内圈为金质，外圈镶伽楠香木。口边为金累丝乳钉纹，木面上以小金珠嵌成团寿字和长寿字。

　　伽楠香是一种著名熏香料，制成手镯既美观大方，又香气四溢，据称夏天佩戴可驱邪避秽。

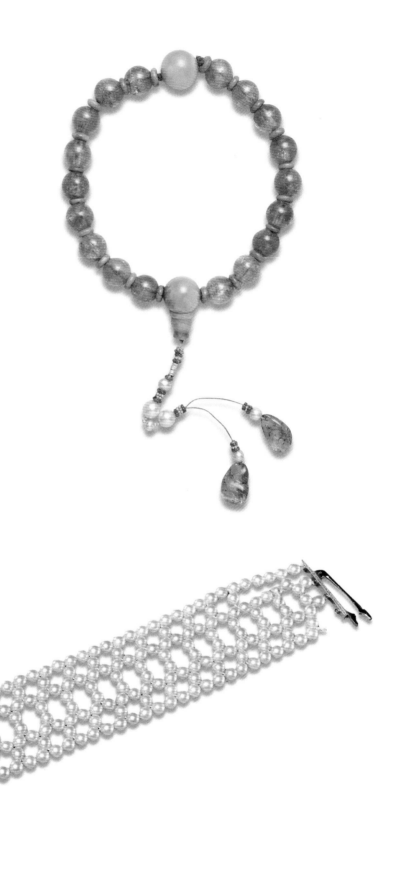

091

黄碧玺带珠翠饰十八子手串

年代　清
收藏单位　故宫博物院

　　十八子手串是由佛教念珠演化而成的一种饰物，共由 18 颗珠子组成，故而得名。材质一般为翡翠、珍珠、碧玺、蜜蜡、珊瑚、伽楠木等，可以挽于手腕、佩戴在衣服上，或供闲时把玩。

　　这串手串由黄色碧玺串成，间以珊瑚圆环相隔。上下各有翡翠结珠 1 颗，俗称"佛头"。结珠下系黄色丝绳，串联珍珠 5 颗，珍珠、珊瑚米珠 7 组，下系粉色坠角 2 颗。

092

东珠软镯

年代　清
收藏单位　故宫博物院

　　以 4 串东珠排列穿成，用珠共 250 颗。两端为白金卡托，其中一端为母托，刻连续扇形花草纹，中嵌大东珠 1 颗；另一端为卡状，可与母托扣合。

（五）指饰

093

金镶红宝石戒指

年代　清

收藏单位　故宫博物院

戒指又称指约、指环，多为女性首饰。清宫后妃所戴戒指，质地多为黄金、白金、翡翠，有的还镶嵌各种珠宝。这枚是金镶红宝石戒指。

094

金镶红蓝宝石戒指

年代　清

收藏单位　故宫博物院

金托，镂空花瓣形箍，嵌红、蓝宝石各 1 颗。箍内侧有"德华足金"戳记，为民间珠宝店制品。

095

金镶翠戒指

年代　清

收藏单位　故宫博物院

金质，外镶翡翠，两端各嵌小金珠一周。

白金镶钻石戒指

年代　清

收藏单位　故宫博物院

　　白金箍，戒面嵌钻石1块。钻石重5.58克拉，质地、切工均为上乘。

钻石

年代　清

收藏单位　故宫博物院

　　钻石，矿物名称为金刚石，属等轴晶系，莫氏硬度10。自古以来，钻石一直被视为权力、威严、地位和富贵的象征，并成为昂贵的"宝石之王"。优质的钻石为无色或接近无色，称为净水钻或水钻，其他具有深颜色的被称为艳钻。

　　这枚钻石直径1.62厘米，厚0.98厘米，重16.3克拉。为标准圆钻，颜色微黄，经明亮式切磨加工，为镶嵌用饰物之上品。

祖母绿宝石

年代　清

收藏单位　故宫博物院

　　祖母绿，矿物名称为绿柱石，其晶体结构中含有铬和钒元素而呈现纯正的绿色。祖母绿被公认为名贵宝石之一，以其特有的绿色和神奇的传说，在中西文化中都备受青睐。

　　这枚祖母绿宝石长1.9厘米，宽1.4厘米，厚1.26厘米，重26.48克拉。呈翠绿色，玻璃光泽，采用阶式变型切磨技术成型。此似为清宫戒指类饰品上的装饰物。

猫睛石

年代　清

收藏单位　故宫博物院

　　猫睛石，矿物名称为金绿宝石。因其内部含有金红石的针形内含物或羽毛状的流体内含物，在光照下表面会出现一条细窄明亮的反光，并可随光线的强弱发生变化，形似猫的眼睛。猫睛石有各种各样的颜色，如蜜黄、褐黄、酒黄、棕黄、黄绿、黄褐、灰绿色等，为透明至半透明。

　　这块猫睛石长1.44厘米，宽1.06厘米，厚0.69厘米，重11.77克拉。呈椭圆形，成色上佳。似为清宫戒指类饰品上的装饰物。

银镏金珠石累丝指甲套

年代　清
收藏单位　故宫博物院

　　指甲套又称护指、义甲，是妇女戴在手指上的装饰。清代贵族女子有留长指甲的风习，指甲套既能有效保护指甲，又让手指看起来纤细美观。护指大多以金、银制作，少数采用珐琅、铜和玻璃。可以佩戴一二枚，也可将十指全部套上。

　　这对指甲套为银质镏金，通体采用累丝工艺形成古钱纹，套口处以点翠装饰蝙蝠和寿字图案。蝙蝠上嵌红色宝石一粒，寿字上镶珍珠一颗。"钱"与"全"谐音，蝙蝠、寿字与钱寓意福寿双全。

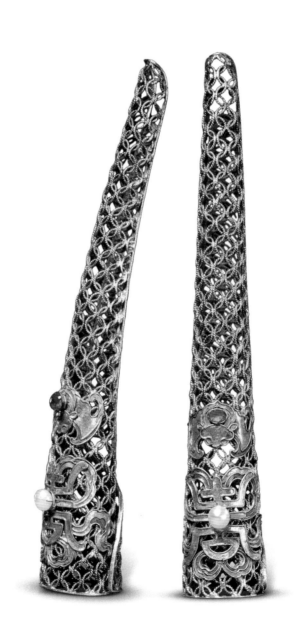

101

银累丝嵌玻璃首饰盒

年代　清中期
收藏单位　故宫博物院

　　四方委角形，盒面嵌银累丝片，盖顶中部镶烧蓝五蝠捧寿纹，侧面分别镶嵌烧蓝松鼠花卉及银花叶纹，边沿嵌红、绿、白、蓝各色玻璃料石。正面中心上方设锁孔，可插钥匙。盒内设银镀金托盘，用以存放珠宝首饰。

饮食篇

民以食为天。宫廷饮食作为皇家生活的重要内容，是古代等级最高、烹饪最精、用料最好、种类最多的饮食。清代更是在民间基础上，总结并汲取传统饮食之精华，把宫廷饮食发展到登峰造极的地步。

清宫膳食包括日常膳食和各种筵宴。皇帝的日常膳食由御膳房承办，皇后膳房附于御膳房，皇贵妃、妃、嫔在各自的宫殿设置小膳房，贵人以下随本宫后妃饮食。筵宴则由光禄寺、礼部的精膳清吏司及御茶膳房共同承办。御膳房设官员及厨役等370多人，御茶房及清茶房120多人，两处还有太监一百五六十人。光禄寺、精膳清吏司仅官员就有一百六七十人。

皇帝平时吃饭称传膳、进膳或用膳，地点并不固定，多在皇帝的寝宫或经常活动的地方。每天有早、晚两膳，早膳多在卯正至辰正（早6点至8点），晚膳在午、未两个时辰（12点至午后2点）。另外，每天还有酒膳和各种小吃，一般在下午和晚上，由皇帝随时随意传唤。御膳房逐日将皇帝的早、晚膳开列清单，通称膳单，呈内务府大臣批准，然后按单烹饪。每到传膳的时候，太监先在传膳的地点布好膳桌，然后手捧膳盒，从御膳房一溜小跑鱼贯而入，将各种饭、菜、饽饽、粥、汤等逐一摆在长长的膳桌上。若无特别意旨，任何人都不能与皇帝同桌用膳。皇太后、皇后及妃嫔，一般都在本宫用膳。

皇帝及其后妃的日常膳食，每天按份例拨给。《大清会典》记载：皇帝每日用盘肉22斤、汤肉5斤、猪肉10斤、羊2只、鸡5只、鸭3只、当年鸡3只，还有60头乳牛所产的牛奶（每头每日交乳2斤）、玉泉山泉水12罐、乳油1斤、茶叶10包；皇后盘肉16斤、菜肉10斤、鸡1

只、鸭 1 只、25 头乳牛的牛奶、泉水 12 罐、茶叶 10 包；贵妃盘肉 6 斤、菜肉 3 斤 8 两，每月鸡、鸭各 7 只，例用乳牛 4 头。以下层层递减，至常在每日盘肉 3 斤 8 两、菜肉 1 斤 8 两，每月鸡 5 只、茶叶 5 包，牛奶按各自份例拨给。此外，御膳房每年从皇庄和各地收缴来数量可观的鹿、狍、野猪、野鸡等野味，各种鱼等水产品，以及燕窝、百合、山韭菜、小菜根等，都用于宫中膳食。

清宫筵宴，名目繁多，各有一定的规格与制度。如除夕、元旦、上元、端阳、中秋、七夕、重阳、冬至、万寿、大婚等宴，皆载入《大清会典》，列为法定宴会。但无论哪种筵宴，都明确突出皇帝至尊地位，其他与宴者依其身份高下有别，繁缛的礼仪贯穿始终。

宫中使用的餐具，材质有金、银、玉、瓷、珐琅、翡翠、玛瑙等，都是民间不能使用的精品。瓷器多出自江西景德镇官窑，每年按规定大量烧造。皇帝日常饮食用具，多使用各式瓷盘、瓷碗，冬季增加金银制热锅、暖碗，夏季换上水晶制的冰盘、冰碗。清宫餐具的使用，也有严格的制度规定，这在举行家宴时表现得尤为明显：皇后、皇太后用黄釉盘碗，贵妃、妃用黄地绿龙盘碗，嫔用蓝地黄龙盘碗，贵人用绿地紫龙盘碗，常在用五彩红龙盘碗。

酒与茶也是宫廷饮食的重要内容。在祭祀、筵宴和日常生活中都不可或缺，并由此出现了大量不同材质、造形与用途的精美酒具和茶具。通过清宫旧藏的这些餐饮用具即可窥见宫中饮食之一斑。

清代宫廷饮食，尤其是皇帝、后妃膳食，很大程度上是讲究排场，主要在于体现地位的尊卑与身份的高下，而不是考虑实际生活的需要。

需要说明的是，吸烟与饮食活动并无直接关联，但俗语有云"烟酒不分家"，故将相关内容编排于此。

膳食

102

总管御饭房茶房之图记

年代　乾隆十七年（1752）正月
收藏单位　故宫博物院

　　清代宫廷日常饮食管理，主要由内务府所管辖的"御茶膳房"和"掌关防管理内管领事务处"两个专职机构负责。前者主要负责饮食的配制与制作，后者则掌管饮食原料的供应。此外，内务府的其他机构，如广储司的茶库、营造司的炭库、柴库、掌仪司的果房和庆丰司管辖的牛羊等，都与宫廷饮食存在密切关系。至于国宴性质的宫廷筵宴，则由光禄寺、礼部的精膳清吏司及御茶膳房共同承办。

　　这枚"总管御饭房茶房之图记"铜印，直柄纽，器身刻"乾隆十七年正月礼部造"铭文，为乾隆时期御茶膳房的官印。

103

养心殿御膳房

御膳房是负责皇帝饮食的专职机构。紫禁城内的御膳房共有两处：一处位于景运门外，称"外膳房"或"御茶膳房"，除负责宫中筵宴外，有时也为值班大臣备膳；一处位于养心殿前，称"内膳房"或"养心殿御膳房"，专门负责皇帝日常膳食。此外，在圆明园、颐和园、热河行宫等处也设有膳房，称"园庭膳房"或"行在御膳房"。

养心殿御膳房位于养心殿前正南，为一狭长的独立院落，院内有一座东西走向的排房，其南侧为南库。据文献记载，膳房设荤局、素局、饭局、点心局、挂炉局和司房，每局均设为数众多的厨役、苏拉等。由皇帝特派管理事务大臣负责管理，并设尚膳正、尚膳副、尚膳、主事、委署主事、笔帖式等官职。另有总管太监3名、首领太监10名、太监100名，具体侍候皇帝用膳。

104

"长春宫寿膳房"章

年代　清
收藏单位　故宫博物院

宫中膳房众多，除御膳房外、皇太后、皇后、贵妃和皇子等，都有单独的饭房和茶房。其中，太后膳房称"寿膳房"，具体位置随其寝宫而定。这枚"长春宫寿膳房"章为檀香木质，可能是慈禧太后居长春宫时的寿膳房图章。

105

黄花梨木铜包角活足炕桌

年代　清
收藏单位　故宫博物院

　　清宫宴会的专用餐桌。通体黄花梨木制成，桌面四角以铜制云纹饰件包镶。《宫中现行则例》规定：皇帝用金云纹包角桌 2 张、皇太后用金云纹包角桌 1 张、皇后用银镀金云纹包角桌 1 张、皇贵妃用银云纹包角桌 1 张、贵妃用铜云纹包角桌 1 张、嫔以下用铁云纹包角桌 1 张。此桌应为宫中筵宴时贵妃的餐桌。

106

铜镀金松棚果罩

年代　清
收藏单位　故宫博物院

　　果罩是宫中举办庆典宴席时的陈设之物，用以盛放果品。这尊果罩为铜镀金质，下有六边形红漆描金边木座，底座上装有嵌珐琅、料石透雕护栏。其上有 6 根镂空二龙戏珠纹支柱，交错托起顶棚。顶盖采用六角亭阁式，覆盖绿色丝线搓成的松枝，六角各探出一条龙头。整体造型美观，工艺独特。

107

皇帝日常膳单

年代 清乾隆
收藏单位 中国第一历史档案馆

　　皇帝平时吃饭称传膳、进膳或用膳，地点并不固定，多在其寝宫或经常活动的地方。清宫习惯，每天有早、晚两膳：早膳多在卯正（早6时）以后，晚膳在午时至未时（12时至午后2时）。另外，每天还要进晚点（小吃），没有固定时间，由皇帝随时随意传唤。皇帝用膳大多单独进行，没有特旨任何人不能与之同桌。每日准备什么饭菜、由何人烹调，由御膳房逐日开列清单，通称"膳单"，呈内务府大臣批准，然后按单烹饪。这是乾隆时期的一份膳单。

108

清乾隆节次照常膳底档

年代 乾隆五十九年（1794）
收藏单位 中国第一历史档案馆

　　皇帝膳单由内务府大臣每天划定，每月集成一册，存档备查，称"膳底档"。膳食不仅主次有别，每道菜的配料也有详细规定，不能任意增减更换，做御膳时内务府大臣还要负责监督。这是乾隆五十九年（1794）节次照常膳底档。

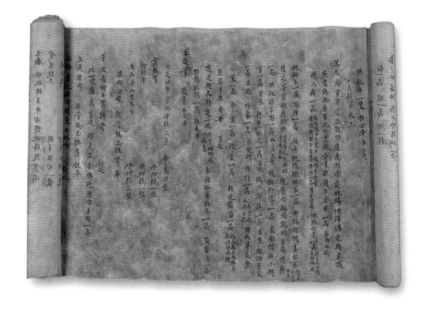

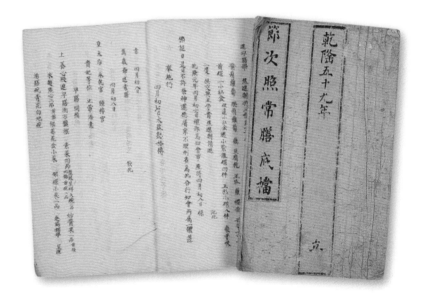

109

体和殿内景

　　清朝晚期，慈禧太后居储秀宫，用膳则在体
和殿。传膳时先将3张方膳桌拼在一起，铺上桌
单，再将各种主食、菜肴迅速布置上桌。平日慈
禧总是坐东朝西，独自用膳，每逢节日及每月的
初一、十五，则由皇帝或皇后侍膳。每餐必有菜
肴百十道，慈禧用眼看哪样菜，侍膳太监便将其
挪到前面，让她吃上一两口。桌上的菜实际上只
动几样，余下的则赏给皇帝、后妃和宫内外的其
他人。

点心模具

年代　清
收藏单位　故宫博物院

　　点心是宫中必不可少的食品，当时称作"饽饽"。清代膳房制作的点心，用料讲究，做工精细，味道可口，花样繁多。故宫博物院仍保存一批当年制作点心的模具，它们均以硬木雕制，形状、花纹各具特色。这只模具为椭圆形，带手柄，中心凹刻圆形，龙凤双喜字图案，壁刻花牙边。用它制作出来的点心，既可用于婚庆宴席，亦可作为帝后日常膳桌、食盒中的食品。

银茶点牌

年代　清
收藏单位　故宫博物院

　　帝后用膳时，每道菜中都插有一枚银牌，俗称"试毒牌"。布菜完毕，他们并不立即动筷，而是先由侍膳太监查看每道菜、汤中的银牌是否变颜色，再令随侍的太监各尝一点，发现没问题才能进膳。宫中膳食防范之严，由此可见一斑。

112

赤金錾花餐具

年代　清
收藏单位　故宫博物院

　　清宫餐具有金、银、玉、瓷、珐琅、玛瑙等多种质地。其中金餐具，按规定只有皇帝、皇太后和皇后才有资格使用。这套餐具共6件，由碟、小碟、单耳杯、叉、勺、箸组成，錾刻团龙、八宝等花纹。成色足赤，色泽黄亮，錾刻细腻，纹饰清晰。全套餐具共盛于红木匣中，曾被逊帝溥仪抵押于天津盐业银行，1951年回归故宫博物院收藏。

113

金盘

年代　清
收藏单位　故宫博物院

　　宫中一般用金龙盘装点心，小金盘装小菜。

紫檀镶金嵌玉筷子

年代　清
收藏单位　故宫博物院

　　一双，呈圆棍状。每支作4截，其中镶金、玉各1截，镶紫檀嵌金银丝2截；端头为玉莲苞式顶。

115

金镶象牙筷子

年代　清
收藏单位　故宫博物院

　　一双，呈圆棍状。主体为象牙，两端和中部嵌金。

116

青玉柄金羹匙

年代　清
收藏单位　故宫博物院

　　匙为九成金制，匙体镂雕蝠、寿；青玉匙柄，柄端镶嵌金如意头。

117

金镶木柄玉顶果叉

年代　清
收藏单位　故宫博物院

　　果叉为宫廷饮食器具之一，柄部多嵌有金、银、玉、木、牙、骨、珐琅等，造型各异，工艺精湛。这支果叉为金质，镶紫檀木柄，柄端嵌白玉雕花顶。其木柄上以金银丝嵌48个寿字，当系皇帝或皇后寿辰时所特制。

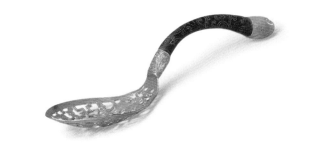

118

掐丝珐琅"万寿无疆"碗

年代　清乾隆
收藏单位　故宫博物院

　　乾隆五十五年（1790）八月十三日，乾隆帝八十寿诞。为筹备寿宴，宫廷造办处精心制作了一批碗、盘、碟等掐丝珐琅"万寿无疆"餐具，全部以铜镀金作胎，用金丝掐成层次丰富的纹饰，然后填以红、黄、蓝、白色缠枝莲花，环绕"万寿无疆"4个镀金篆字，底部镌刻"子孙永保"款识。其中，碗包括大、中、小3种型号。

119

掐丝珐琅"万寿无疆"盘

年代　清乾隆
收藏单位　故宫博物院

　　敞口、弧鼓腹、矮圈足、铜胎。盘身填蓝色珐琅、掐丝缠枝莲花纹、花间簇拥"万""寿""无""疆"4个圆形大字。盘体凡露铜处均为镀金、澄黄厚润、熠熠生辉，展现了乾隆时期御用珐琅器的最高水平。

珐琅彩黄地云龙纹碗

年代　清雍正
收藏单位　故宫博物院

　　宫中举办家宴，后妃均用代表各自身份的盘碗：皇太后、皇后用黄地黄里云龙纹，皇贵妃用黄地白里云龙纹，贵妃、妃用黄地黄里绿龙纹，嫔用蓝地蓝里黄龙纹，贵人用酱色地酱色里绿龙纹，常在用白地白里五彩红龙纹，答应无等级份位盘碗。

　　此碗碗里素白、外壁为浅黄地、绘赭黄色二龙戏珠及祥云、海水纹，为皇贵妃所用等级份位碗。

蓝地黄龙纹盘

年代　清康熙
收藏单位　故宫博物院

　　宫中家宴时嫔的等级份位盘。通体内外蓝地黄彩龙纹装饰，蓝、黄二色对比强烈。

粉彩三羊纹碗

年代　清嘉庆
收藏单位　故宫博物院

　　一年中的各个节日，皇帝使用不同纹饰的应节餐具，如：新年用三阳开泰，正月十五用灯景、五谷丰登，五月初五用艾叶、灵符、龙舟、五毒纹，七月初七用鹊桥仙会，八月十五用丹桂飘香，九月初九用菊花，冬至用葫芦阳升，除夕用"甲子重新""万国咸宁"字样。

　　此碗内施素白釉，外白地粉彩绘山石、梅花、月季、绿竹、三羊等，寓意三阳开泰。并以墨彩书七言诗二句："素蕚枝枝封蜜蜡，明珠颗颗迸珊瑚。"为新年时所用。

粉彩葫芦纹碗

年代　清雍正
收藏单位　故宫博物院

　　清宫瓷质餐具工艺考究，图案多吉祥寓意。此碗胎体细薄，色彩淡雅，外施粉彩图案3组：口沿绘缠枝花一周，碗身饰折枝葫芦，上托红色蝙蝠，近底处为变形莲瓣纹。"蝙蝠"与"葫芦"组合，谐音"福禄"。

五彩花蝶纹攒盘

年代　清康熙
收藏单位　故宫博物院

　　攒盘即以数件食盘相攒组合的套盘，用以盛
装不同的小菜或果点。这套攒盘由 12 件花瓣形小
盘组成，每件盘口均施金彩，盘心各饰菊花、蜀
葵、樱桃、红枣、葡萄等花果，空白处点缀翩飞
的彩蝶。设计精巧、匠心独运，为康熙五彩瓷器
的代表之作。

125

十二色釉菊瓣盘

年代　清雍正
收藏单位　故宫博物院

　　全套共 12 件，器型、大小相同，均为敞口、圈足、通体呈菊花瓣状。每盘各施不同色釉，分别是白、绿、湖水绿、葱绿、黄、蛋黄、米黄、天蓝、洒蓝、胭脂紫、酱、藕荷色。足内均施白釉，书青花双圈"大清雍正年制" 6 字双行楷书款。

银错金万寿字火锅

年代　清光绪
收藏单位　故宫博物院

　　火锅又称"暖锅""热锅"，是用于温熟食、煮生食的传统食具，冬日在清宫十分盛行。这件火锅为银质，由锅、盖、烟囱、闭火盖组成。锅内带炉，用于烧炭，将水烧开，再将生鱼、生肉、蔬菜等放到沸水中涮食。火锅的闭火盖上雕有镂空卐字纹，锅体满布错金长、圆寿字及蝙蝠纹等，寓意福寿万年。用料讲究，做工精细，造型完美，当为慈禧使用的火锅。

127

掐丝珐琅团花纹火锅

年代　清乾隆
收藏单位　故宫博物院

　　火锅大都以导热性能良好的铜质为主，但清宫却大量使用银、锡、珐琅和瓷质火锅，尽显宫廷生活的奢华与精致。这件掐丝珐琅火锅呈菱花形，上附錾刻镀金的提手和螭耳，蓝色锅身漫撒红、黄、蓝、白等色团花纹。图案疏朗隽秀，造型别具一格。

锡制一品锅

年代　清晚期
收藏单位　故宫博物院

　　故宫旧藏式样繁多的火锅中，属清代晚期者最多。这件一品锅为锡质，锅体与锅盖相合呈倭瓜形，顶部覆瓜秧、瓜叶作盖柄。掀开锅盖，内屉平放5只镶金边锡盖碗。锅体外部可插支架放置蘸碟，分置醋、酱、蜜、姜汁等。锅由圆支架支撑，下置4个圆形酒碗，用以煮沸锅内之水。

　　类似的大型火锅，还有方形、双环形、四委角形、八方形等，各有相应的装饰与镶嵌，集实用性、艺术性为一体。

129

银镀金小碟

年代 清
收藏单位 故宫博物院

此类小碟是御膳时盛放调料的餐具之一。圆形口、浅膛、圈足，造型美观，做工精致、色泽熠熠生辉。

130

画珐琅花卉纹寿字卤壶

年代 清雍正
收藏单位 故宫博物院

卤壶即御膳时盛卤汁的餐具。这件卤壶为铜胎画珐琅制成，造型呈卵状、短流、螭形高柄与盖纽相连。通体施黑色珐琅釉地，饰18朵各色勾莲花，每朵花的花蕊托一团寿字、花间装饰10只飞舞的红蝙蝠，组成"福寿"图案。形制独特、纹饰吉祥、色彩对比强烈。

皮胎葫芦式漆盒装组合餐具

年代　清中期
收藏单位　故宫博物院

　　全部以牛皮压模成型。套盒为葫芦形，一分为二，黑漆地描金龙纹。内装执壶、盘、碗、匙，共79件，均红漆地描金折枝花卉或花蝶纹。据清宫档案记载，这类组合餐具系贵州制作，由地方官员进献宫中，当为皇帝郊游或狩猎时进餐之用。

黄花梨木雕提梁食挑盒

年代 清乾隆

收藏单位 故宫博物院

　　黄花梨木制，由内屉、外罩组成。内屉共分5层，均呈多边委角圆形，附屉盖，分别盛放银壶、碗、盘、箸等餐具。外罩呈八方委角形，提梁中心处饰铜镀金龙首提环，通体雕刻卍字不到头纹饰。用料华贵，工艺精湛，当为皇帝出行时的餐具。

133

紫檀木长方食盒

年代　清中期
收藏单位　故宫博物院

　　食盒是专门盛放食物、酒菜，便于携带行走的用具。这副食盒为紫檀木制，长方形，由4格屉盘层叠组成，每层均有铜镀金包角。为便于提运，盒的上端设有提梁式把手。紫檀木纹理细密，坚固而有韧性，制成食盒不仅耐磕碰，而且可以充分利用木料的天然质感，既美观又实用。

134

铜镀金委角食盒

年代　清
收藏单位　故宫博物院

　　铜质镀金，以捶鍱工艺制作，呈八方委角形。盒面正中刻有一"寿"字，盒面、盒身錾刻暗八仙、缠枝莲等，均有祝寿之意。盒内有8件可移动的梯形小盘，用于盛放各种小食品。食盒为清宫常用的食具，有瓷、漆、珐琅等多种质地，造型、图案丰富多彩。

⑬⑤ 画珐琅夔凤纹牙签筒

年代　清
收藏单位　故宫博物院

宫中盛装牙签的用具。圆柱形，铜胎画珐琅质，整体白地彩色描金夔凤纹，下口绿地描金回纹一道，两顶端为莲瓣纹。黄丝绳穿带，红玛瑙结珠两粒，小珊瑚、蚌粒坠角有残缺。

⑬⑥ 金葫芦花纹带链牙签耳挖

年代　清
收藏单位　故宫博物院

赤金质，制作精巧别致。牙签、耳挖柄部均作葫芦状，錾刻葫芦纹，顶端以金链连为一体。

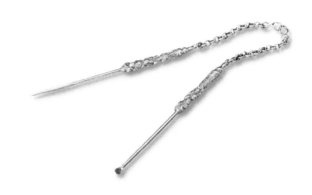

⑬⑦ 黄色绸绣暗八仙祝寿纹怀挡

年代　清
收藏单位　故宫博物院

用膳时挂于胸前，以防玷污衣物。具体用法是将其上角的扣环扣在袍服领口的第一颗纽扣上，展开其他三个角，作用类似于餐巾。

这件怀挡以明黄色绸为地，中心绣一红色团寿字。其上有蝙蝠衔"万寿无疆"字条、寓意长寿的"海屋添筹"图案，下为双龙立水，左鹤、右鹿寓意鹤鹿同春。满铺云蝠纹地，间饰暗八仙（即八仙所持法物），寓意八仙祝寿。四边为蓝地卍字纹，绣蝙蝠、团寿，寓意万福万寿。花纹密布，绣工精致，处处体现多福多寿的主题，当为皇帝寿辰时所用。

二

烟酒

（一）酒

138

红彩绳纹状元红酒坛

年代　清道光
收藏单位　故宫博物院

清宫用酒，主要出于自酿。光禄寺下属良酝署专司酒醴之事，每年春秋两季取京西玉泉水酿酒，以供皇家祭祀、筵宴和日常饮用之需。此外，各地也时常进贡名酒，其中就包括产自绍兴的陈酿。这尊酒坛通体施低温红釉，肩腹部饰仿竹编黄色提兜状纹，肩部两个双方框内分别墨书"状元红""老酒"，近底处有"浙绍德润濂记"方形印记。

状元红又称"女儿红"，是经过长期储藏的陈年黄酒。从前绍兴一带几乎家家都要酿酒，好的酒会装在雕花的坛子中，埋在地下，遇到喜庆时再与众人分享，故此称为"花雕酒"。

139

金錾云龙纹嵌珠宝葫芦式执壶

年代　清
收藏单位　故宫博物院

执壶即用于盛酒、可以手执的壶形器具。这只执壶为皇帝的御用酒具，金质，葫芦形，兽吞式流，流上有横梁与壶体相连。龙形柄，盖上饰花蕾形纽，盖上有金链与器柄相连。器身錾刻云龙纹，嵌珍珠、宝石。

皇帝冬季饮热酒，多用金、银、珐琅酒具。

⑭⓪ 金胎画珐琅杯盘

年代　清乾隆
收藏单位　故宫博物院

　　杯、盘合为一套酒具，以黄金为胎。杯圆形，圈足，两侧有金质卷草纹耳；托盘亦为圆形、菱花式折边，盘内底中心凸起杯槽。杯、盘内錾花镀金填绿色珐琅釉，杯外壁两面开光，内彩绘西洋少女。盘边八开光，内绘西洋风景；内底四开光，内彩绘西洋美女。这套杯盘虽为中国传统造型，色彩与图案却为典型的欧洲风格，具有中西合璧的艺术特色。

⑭① 银花鸟纹酒葫芦

年代　清
收藏单位　故宫博物院

　　葫芦与"福禄"谐音，民间常以此表示祝福。葫芦的特点是枝蔓繁茂、多果多籽，又象征子孙繁茂。以葫芦作为酒具，自古就受到人们的喜爱，连传说中的仙人铁拐李也以酒葫芦为标志。这件银壶完全以酒葫芦为蓝本，就连壶盖也仿照葫芦瓜蒂形式，壶身錾刻花鸟纹。为了携带方便和避免磕碰，外面又以深棕色丝绳结系随形网罩。造型别出新意，工艺颇具匠心，当为皇帝出行时所用。

锡桃式倒流壶

年代　清
收藏单位　故宫博物院

　　倒流壶是酒壶的一种，其造型最早出现于宋代瓷器中，特点在于壶上无口，使用时需先倒置，酒液从壶底中心的圆孔注入，再翻转过来往杯中注酒。这种反注正倒的方法独具匠心，堪称一绝。这件锡壶以同类瓷壶为蓝本，壶体呈桃形，流、柄均作桃枝状，壶底有圆口。腹部一面刻有诗句："武陵如可问，载酒任怡情。"另一面刻"一枝娇欲助"及制作人"王胜万制"名款。

青玉瓜棱执壶

年代　清
收藏单位　故宫博物院

　　青玉质、圆口、长颈、高挑流、曲柄、瓜棱形腹、莲座式足。壶肩琢一周缠枝花纹，壶嘴处嵌一金圈装饰。此壶玉质莹润，工艺精细，为痕都斯坦玉器风格。
　　皇帝饮酒，夏季多用清爽型酒具，如水晶杯、白玉杯、犀角杯等。

青花果纹执壶

年代　清乾隆
收藏单位　故宫博物院

　　壶体呈玉壶春瓶式，两侧分置弯流、曲柄，颈、流间有云板相连。盖及柄各置一圆系，以便系绳相连。通体以青花为饰，绘蕉叶纹、缠枝莲花等，腹部两面有菱形开光，分别绘折枝桃和枇杷果。此执壶流行于元代至明初，造型优美，清代多有仿制。

锡鼓式温壶

年代　清
收藏单位　故宫博物院

　　温酒器，整体为鼓式造型，由壶盖、外套和内壶组成。盖、外套为铜质，内壶为锡质。外套两侧有兽头衔环，近口处有壶嘴，内壶有提梁。外套上刻有诗文："未识酒中趣，空为酒所戕。以文常会友，惟德自成邻。"使用时先将热水注入外套内，再置入装好酒液的内壶。外套中的热水可以随时更换，使壶中酒液得以持续保温。

146

银烧蓝温壶

年代　清

收藏单位　故宫博物院

　　温酒器，银质，由内壶和外套两部分组成。外套为六棱柱形，六面分别錾刻梅、兰、竹、菊、荷花等纹样，并施烧蓝珐琅彩，六角下各有一足。内壶为圆柱形，有流、盖及双提梁，为盛酒器。内壶与外套之间有较大空间，用于盛装热水。造型独特，做工考究，纹饰生动，色彩艳丽，为皇家专用之酒具。

147

银温酒器

年代　清

收藏单位　故宫博物院

　　银质，由支架、盖杯两部分组成。支架为3足托一圆盘，用于盛放酒精等液体燃料；架上置圆盆形盖杯，用于盛酒。做工精巧，造型新颖别致，结构类似今天的酒精炉。

148

碧玉高柄杯

年代　清
收藏单位　故宫博物院

　　碧玉质，由杯体与柄足两部分构成。杯体为钟铃倒置形，柄为葫芦形，二者之间有一俯仰莲瓣形座，柄下为双层圆座。由上至下分别雕琢藤蔓、葫芦、缠枝莲、莲叶、雷纹等纹饰。造型独特，雕琢细腻，为宫中玉酒具之精品。

149

白玉单耳叶式杯

年代　清
收藏单位　故宫博物院

　　杯白玉质，胎薄体轻，呈花叶形。单耳雕成叶蔓，杯身刻叶筋，花叶形态生动逼真。造型为典型的痕都斯坦风格，于清丽素雅中显现富贵之气，当为皇帝的御用酒杯。

黄色玻璃磨花酒杯

年代　清乾隆
收藏单位　故宫博物院

　　黄色透明玻璃杯，敞口，平底，外壁磨绘花卉图案。杯底有"乾隆年制"4字款。器形小巧秀美，花纹典雅清丽，当为皇帝御用酒杯。玻璃器又称为"料器"，清宫造办处设有玻璃厂，专门从事御用玻璃器的制作。

犀角雕缠枝莲纹爵式杯

年代　清
收藏单位　故宫博物院

　　犀角是一种名贵的中药材，用犀角器盛酒能吸取其药性，具有凉血解毒之效用，在明清时期十分盛行。这尊酒杯以亚洲犀角雕制而成，造型取商周时流行的礼器爵的某些特点，敞口，底有三足，外壁雕饰缠枝莲纹。造型小巧，刻工精细，角质莹润，是一件兼具实用与陈设功能的犀角制品。

象牙雕桃式杯

年代 清乾隆
收藏单位 故宫博物院

　　象牙质，口呈桃形，柄雕为桃的枝叶形态，形似小桃初熟，挂枝摇曳。明清时期的象牙雕刻，从小型的人物、动物、陈设到大型的建筑模型，虽然种类繁多，但象牙酒器却十分罕见。

锡套紫砂里方斗杯

年代 清道光
收藏单位 故宫博物院

　　酒杯的一种，呈方斗形。外体为锡质，白玉柄，内里为宜兴紫砂挂蓝釉。外壁刻"愿持此斗泡酒浆、黄姑织女同飞觞"诗句及"戊子蒲夏石梅作"款。"戊子"即道光八年（1828），"石梅"则是清代著名的锡器制作者朱坚。此杯风格素雅，造型小巧而不失庄重，颇具古风。

(154)

五彩十二月花卉诗文杯

年代 清康熙

收藏单位 故宫博物院

　　皇帝平时饮酒，每月使用一种花纹的瓷酒杯，称"十二月花季杯"。在全套12只小杯上，分别描绘代表12个月的花卉，同时配以相应诗句：一月水仙花，诗句"春风弄日来清书，夜月凌波上大堤"；二月玉兰花，诗句"金英翠萼带春寒，黄色黄中有几般"；三月桃花，诗句"风花新社燕，时节旧春浓"；四月牡丹花，诗句"晓艳远分金掌露，暮香深惹玉堂风"；五月石榴花，诗句"露色珠帘映、香风粉壁遮"；六月荷花，诗句"根是泥中玉，心承露下珠"；七月兰花，诗句"广殿轻发香，高台远吹吟"；八月桂花，诗句"枝生无限月，花满自然秋"；九月菊花，诗句"千载白衣酒，一生青女香"；十月芙蓉花，诗句"青香和宿雨，佳色出晴烟"；十一月月季花，诗句"不随千种尽，独放一年红"；十二月梅花，诗句"素艳雪凝树、清香风满枝"。

155

仿成化斗彩鸡缸杯

年代　清康熙
收藏单位　故宫博物院

　　鸡缸杯是著名的饮酒用具，因形似微缩之缸、杯壁上绘有鸡的图案而得名。明成化斗彩鸡缸杯曾名噪一时，其数量稀少，极为珍贵，后世争相仿烧。这只鸡缸杯敞口、平底，器壁轻薄，为仿成化杯的成功之作。图案为公鸡、母鸡各1只，小鸡3只，并点缀湖石、牡丹等，颜色多达五六种。

156

霁红釉酒杯

年代　清雍正
收藏单位　故宫博物院

　　清宫瓷质酒具，品种以青花、彩瓷和颜色釉瓷为主，其中霁红釉瓷器为明永乐、宣德年间景德镇所创制。霁红又称"祭红"，因常用作祭器而得名。由于霁红釉瓷器难以制造，因此较之其他色釉更为名贵。这只酒杯造型朴素秀丽，通体施以霁红釉，釉色浑厚艳美，为雍正时期官窑瓷器的代表性作品之一。

157

《胤禛行乐图》

年代　清雍正
作者　佚名
收藏单位　故宫博物院

　　雍正帝曾令宫廷画家创作多本表现其野逸生活的行乐图册。此图即其中的一开，名曰"围炉观书"，绘其身着古装、坐在炭盆旁读书的场景。图中右下角的根雕木几上，摆放着木食盒、瓷捧盒、金执壶和一对霁红釉酒杯。

158

反瓷镂空荔枝式杯

年代　清乾隆
收藏单位　故宫博物院

　　像生瓷酒杯，仿荔枝的形态而作。把手作枝干形，施以金彩，上面结有两枚荔枝。完整的一枚中空，上端有镂空网格，使用时用于过滤酒渣，酒由内部的暗孔流向另一侧半个荔枝。半荔枝部分为银里，直接用于饮酒。
　　反瓷亦称"生瓷""素瓷"，是一种在瓷胎上雕琢纹饰，直接以素胎生烧的瓷器。

159

紫砂胎粉彩公道杯

年代　清道光
收藏单位　故宫博物院

　　杯呈荷叶状，圆底，下承三乳丁小足，器底有一小孔。以紫砂为胎，内外施绿釉，外壁点缀粉彩团花纹。杯内心为一头梳双髻、袒胸露腹、笑容可掬的仙人，面对一施黄彩的柱形莲蓬头而坐。莲蓬头中空，内有带刻度的紫砂陶质细长浮柱。
　　公道杯亦称"平心杯"，杯身利用吸虹原理，若斟酒过满、超过空心柱，酒会从杯底小孔完全流出，形象地寓意"满招损，谦受益"的哲理。

160

奏报西洋人殷弘绪恭进西洋葡萄酒等物送京折

年代　清康熙
收藏单位　台北“故宫博物院”

欧洲葡萄酒传入中国，一般认为是在明末清初，由耶稣会士带来或由西洋人进贡。

康熙帝不喜饮酒，更不酗酒。但康熙四十七年（1708），他因废皇太子而得了一场大病，在传教士的建议下每日适量饮用葡萄酒，身体和精神才逐渐得到调理和恢复。此后，他便一直保持喝葡萄酒的习惯，其他皇帝也将西洋葡萄酒专门储备在御药房作滋补之用。

这是康熙四十八年（1709）三月初二日，江西巡抚郎廷极奏报将西洋人殷弘绪进献西洋葡萄酒等物送京的奏折。

延撫江西等處地方兼理軍務都察院右副都御史加四級 奴才 郎廷極謹
奏爲恭繳西洋物件仰祈
睿鑒事竊 奴才 於本年二月二十一日敬遣家人賫摺恭祝
皇上萬壽慶請
聖安并報地方雨水米價隨於二月二十二日接 奴才 長男郎文烜家信云於二月初三日捧
養心殿趙昌奉
旨傳與江西巡撫郎廷極之子以後凡本處西洋人所進
皇上上用物件并啟奏的書字即速着妥當家人催包程騾子星夜送來不可悞了時刻欽此等
接信即傳知本處西洋人等於二月二十六日據饒州府居住西洋人殷弘緒送到進
上西洋葡萄酒六十六瓶哈爾各斯默一瓶其瓶口皆有西洋字封識 奴才 即日加做木箱四隻面
同弘緒親手裝好加封次日差家人催包程騾轎星馳進京回 奴才 長男郎文烜齊寄
上諭內無着 奴才 繕摺具繳之語所以不敢具摺即令文烜親自小心檢點
奏繳但思西洋人所進皆係
皇上御用之物十分鄭重而 奴才 長男郎文烜年紀尚幼雖令其小心檢點而 奴才 未經具
奏自覺此心未盡深切惶恐不安今於三月初一日又據西洋人殷弘緒送到進
上珠毅職八錫瓶其瓶口俱有西洋字封固 奴才 即日又加做木匣二隻親同弘緒裝好加封次
日即差家人包程催騾馳送謹繕摺聞具伏惟
聖鑒以後凡有西洋物件 奴才 皆合具摺馳繳理宜聲明爲此
奏
聞 奴才 不勝瞻仰悚惕之至
此摺奏來的甚是已後保有西洋
人有進之物摺子上寫明奏聞

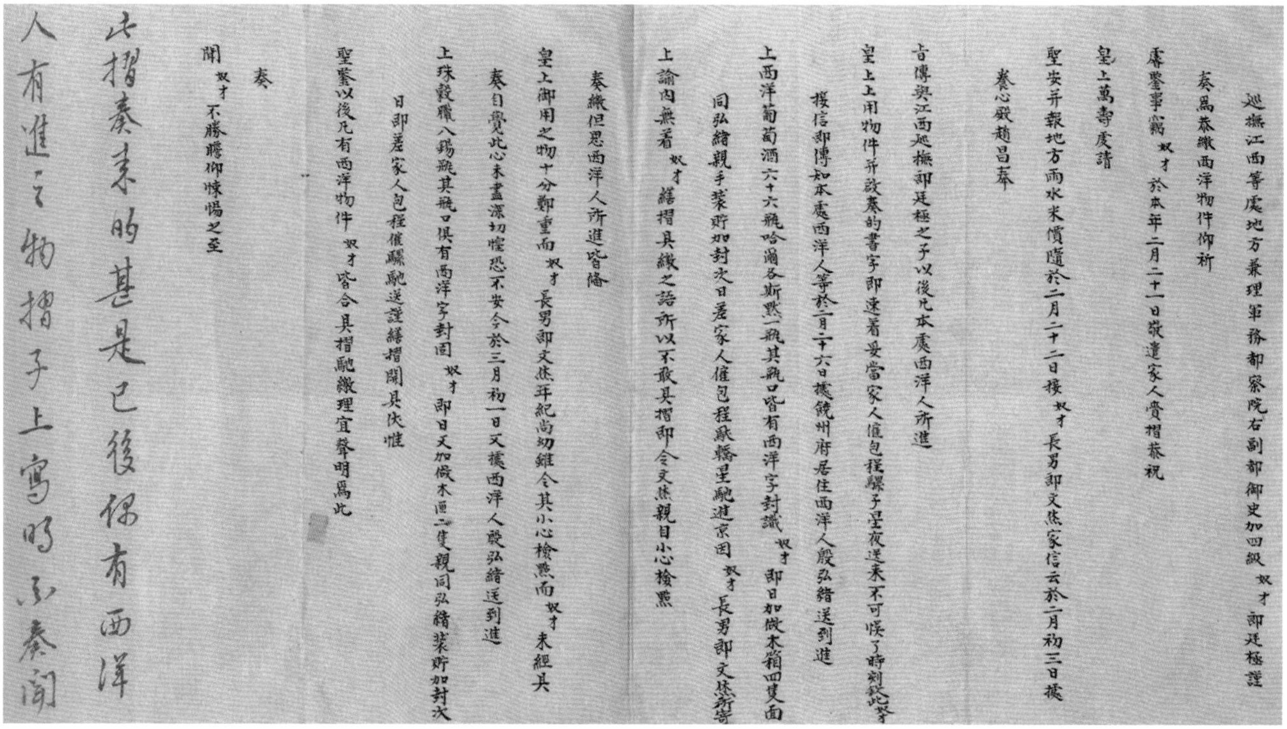

（二）烟

161

旱烟袋

年代　清

收藏单位　故宫博物院

　　吸旱烟的用具，由铜烟锅、乌木烟杆和翡翠烟嘴构成。使用时配有装烟末的烟荷包，一般系在烟袋上。

162

翠烟嘴

年代　清

收藏单位　故宫博物院

　　旱烟袋中以烟嘴最为讲究，其制作材料有玉、翡翠、玛瑙、水晶和各种金属等，并以翡翠最为名贵。这只翠烟嘴呈圆筒状，上部微凹、顶端凸起成环形，为宫中抽旱烟的备用品。

163

银制雕镀金花卉水烟袋

年代　清

收藏单位　故宫博物院

　　吸食水烟，烟从水过，味道醇和，较之吸旱烟更显高雅。宫中的水烟袋多以黄铜、白铜、锡和银等金属材料制成，造型比较奇特，主要由盛水斗、燃烟斗、吸烟管、烟丝筒4个部分组成。盛水斗为水烟袋的主要构件，燃烟斗置其中央稍前处，下连细管插入水中。细长的吸烟管与燃烟斗稍有间隔，上部呈弯曲状，下连盛水斗但在水面之上。烟丝筒有盖，以防烟丝污染或风干。除此之外，还需配有烟钎、毛刷、烟勺、镊子及火镰等附件。

　　这件水烟袋通体为银制，盛水斗上采用雕刻镀金工艺，花纹生动而随意。烟管上装饰着不同颜色的丝穗，并附有烟刷、烟夹。

164

黄铜长管水烟袋

年代　清晚期
收藏单位　故宫博物院

　　宫中使用的水烟袋大都小巧玲珑，高度一般在 30 厘米左右。这件陈放在储秀宫西稍间炕桌上的黄铜大水烟袋，通高则达 120 厘米，仅吸烟管就长 100 厘米有余。它造型独特，形似鹅颈，为清朝晚期苏州工匠所造，也是当年慈禧太后喜欢使用的一种烟具。

　　吸水烟的基本姿势，一般是左手握住烟袋底部，右手持火捻点火。但使用这样的大水烟袋，必须由仆从在一旁侍候。

165

银镀金香烟盒

年代　20 世纪初
收藏单位　故宫博物院

　　香烟即卷烟，在中国出现于清朝晚期，最初均从国外输入，故称"洋烟"。这件银镀金香烟盒为长方委角形，盖面右上方嵌宝石为菊花形状，盒盖侧面中心设开关纽，嵌蓝宝石。此系日本产品，可能是日本客人或清朝出使大臣进献宫中的礼物。

166

金累丝嵌松石火镰套

年代　清
收藏单位　故宫博物院

　　在火柴从西方传入之前，人们普遍采用火镰取火，吸烟时也自然不例外。大致方法是将艾绒等易燃物捻成小珠，放在火石上，用厚实的火镰刃部快速撞击石片，迸出火花即点燃艾绒。火镰套是清代男子的随身之物，里面一般装有火镰、火绒和火石，可随时用于取火。宫中火镰套集工艺性与实用性为一体，做工精致，颇具观赏价值。

　　这件火镰套为扁葫芦形，金质累丝，两面满嵌绿松石小朵花，黄丝带上系红珊瑚珠一粒，可挂于腰间。

167

大玻璃罐鼻烟

年代　清
收藏单位　故宫博物院

　　鼻烟是将优质烟草研成粉末，配以各种香料调制而成，于明末清初传入中国。清代上自帝王权贵，下至普通百姓，嗅鼻烟成为社会时尚。宫中的优质鼻烟多从欧洲进口，一般经粤海关转贡皇室，这是广东官员进献的贡品。

168

各种鼻烟壶

年代 清
收藏单位 故宫博物院

　　鼻烟壶即装鼻烟的容器，造型小巧玲珑，材质种类繁多，制作精美细致。清宫遗留的鼻烟壶，有玛瑙、翡翠、玉、瓷、珐琅、晶石、玻璃等多种质地，除了盛装鼻烟的实用功能外，逐渐发展成为供人欣赏把玩的艺术佳品。

169

《道光帝便服像》

年代 清道光
作者 （清）沈振麟
收藏单位 故宫博物院

　　清代皇帝大都喜欢吸食鼻烟和把玩烟壶，道光帝更是嗜鼻烟成癖，目前存世的多帧画像都绘有鼻烟壶。此图绘道光帝身穿便服坐于室内，画幅上方为其御题"静缘"2字，上方正中钤"道光御笔之宝"朱文方印；画幅右侧钤"神清意平""慎静斋宝"白文方印。仔细观赏画面，可以发现左侧木几上摆放一对料胎（玻璃胎）三彩鼻烟壶。

三

茶饮

170

普洱茶包

年代　清光绪
收藏单位　故宫博物院

　　云南普洱茶是清代的重要贡茶品种，它们多被加工成树根、团、饼、坨等形式，再依不同茶形进行巧妙包装。这包普洱茶即呈坨形，先用硕大的箬竹叶以纵横交错的方式包裹茶团，再用竹篾进行等距离捆扎，将茶包束紧。这种方式既牢固又美观，更重要的是能够防潮、保鲜、耐磨损，使茶团保存持久而不变质。

171

雨前龙井茶

年代　清光绪
收藏单位　故宫博物院

　　龙井茶是久负盛名的茶叶精品，产量极少。"雨前龙井"则是谷雨前采摘的初生新芽，具有鲜嫩、清香等特点，更是精品茶中之极品。此茶叶盛装在两个密封性能很好的铁桶中，盖口严密，保存时间可相对持久。铁桶之外为长方形楠木提箱：正面设前脸抽拉盖，盖面阴刻填绿"雨前龙井"4字，盖内贴黄条"臣江朝宗跪进"；箱顶置铜镀金提环；箱内中间设隔板，两旁各置一个茶叶桶。

菱角湾茶

年代 清光绪
收藏单位 故宫博物院

　　菱角湾茶产于四川蒙山菱角湾，以其上乘的品质及稀少的产量，成为清宫贡茶的极品。此茶盛装在两个精致的银瓶中，再置于精心设计的木提箱里。提箱为长方形，内贴黄纸，外裱黄绫，内外均为皇家独用的明黄色。正面设前脸抽拉盖，盖面中心贴"菱角湾茶"墨字黄条；箱内设挡板，并随银茶瓶形体挖槽、周边托衬黄绫包面的软棉垫；箱顶设有提梁。这种精美独到的包装形式，多为贡茶所采用。

小种花香茶

年代 清晚期
收藏单位 故宫博物院

　　茶叶筒为锡制，由1件圆形和5件花瓣形组成梅花状，中部以黄线绳捆扎，下有方形黄裱纸底座。每件锡筒肩部均贴黄纸花边，盖上贴墨笔楷书"小种花香"黄签，筒内仍然密封着满满的茶叶，从入宫到现在从未开启过。

174

人参茶膏

年代　清光绪
收藏单位　故宫博物院

　　人参茶膏是用人参与茶叶混合熬制，再用模板压制成型。浸泡饮用，既可品味茶香，又可滋补身体，实具养生之妙用。用瓷罐盛放茶膏，具有洁净而不串味、防止霉变等优点。这里又在青花瓷罐外，以明黄暗花缎随罐形剪裁、缝合，上书"人参茶膏"，表明系皇家所专用。

175

紫砂"六安"铭茶叶罐

年代　清雍正
收藏单位　故宫博物院

　　紫砂质，棕红色。腹部堆绘芦雁纹，凸显紫砂器肌理之美；子母盖，盖面刻楷书"六安"2字。六安即今安徽省六安县，清代出产贡茶。这只茶叶罐烧造于江苏宜兴，为专门盛装六安茶的容器。

176

紫砂竹节式茶壶

年代　清
收藏单位　故宫博物院

　　紫砂茶具产自江苏宜兴，具有透气性强而不渗水、耐热性好而传热慢等特点，用于泡茶能够保持清香。加之紫砂本身色泽素雅、朴素无华，与文人返璞归真的情趣相吻合，因此也为自命风雅的皇帝所喜爱。这件茶壶造型呈竹节状，壶体围以14根粗壮的双节竹，流、柄、纽均为不同形态的三节竹，工整光洁，颇具自然之趣。

177

紫砂黑漆描金茶壶

年代 清雍正

收藏单位 故宫博物院

　　紫砂茶具进入宫廷后，皇帝在造型、色彩、纹饰等方面追求精致奇巧，按照自己的喜好命工匠进行烧造。这件茶壶内胎为厚重的紫砂质，外髹黑漆且以金彩描绘山水图。壶身略呈长方形，弯流、方柄，下承长方折角随形足。造型大气，漆画完美，堪称宫廷茶具的精品，但已失去紫砂本身的淳朴面目。

178

铜胎画珐琅菊花纹茶壶

年代 清乾隆

收藏单位 故宫博物院

　　壶体呈扁长方形，曲流、弯柄，壶口及盖均制成菊瓣式。此茶壶的特点是在菊花主题上标新立异，盖、口、足制成菊瓣形边，并突出4个菊花形开光，开光内极为夸张地绘饰大朵菊花纹。其造型设计、绘画技法、烧制工艺均属上乘，为清乾隆画珐琅工艺的佳作，也是清宫茶具中的上品。

玛瑙茶盏

年代　清雍正
收藏单位　故宫博物院

　　茶盏为饮茶用具，基本器型是敞口、小足、斜直壁，一般小于饭碗而大于酒杯。这只茶盏为天然玛瑙制成，器形简约轻巧，乳白底色中带有黄、黑色片状花斑，间有细密如缠丝的条带状纹路，散发出浑然天成的气息。所附几形木座，与玛瑙盏相得益彰，凸显典雅高贵之气。

　　此盏原贮存于乾清宫，为雍正皇帝的珍爱之物。

白玉羊首提梁茶壶

年代　清嘉庆
收藏单位　故宫博物院

　　玉壶是清宫重要的生活用品之一，样式除羊首壶外，另有龙首壶、凤首壶等，也有与玉杯、盘成套者。此壶为白玉质，玉白如脂。壶体及盖、纽均作瓜棱状，腹部一侧凸雕羊首为流，肩部接3柄如意形铜胎掐丝珐琅提梁。造型新颖别致，为嘉庆皇帝的御用茶壶。

181

白地矾红彩御制诗茶具

年代　清乾隆
收藏单位　故宫博物院

　　宫廷饮茶用具以瓷器为大宗，景德镇御窑厂为此烧制了各式各样的御用茶具。这套茶具由长方盘、圆壶及盖碗组成，通体在高温烧成的白瓷釉面上以矾红彩装饰。主题图案一面为荷花图，另一面矾红彩书乾隆御制诗文，周围饰有吉祥寓意的辅助纹饰。其中，茶盘为盛放壶、碗等用具的器皿，茶壶用于泡茶，茶碗用于饮茶。

　　盖碗的使用很有讲究，盖略小于碗，品茶时用于刮水中的茶末。

182

绿地粉彩缠枝莲纹海棠式茶托

年代　清嘉庆
收藏单位　故宫博物院

　　茶托为衬垫盏、碗的浅碟，饮茶时为防止茶碗烫手，以此托之。这对茶托为瓷质，呈海棠式，内外施绿地粉彩，绘缠枝莲纹，当与同类茶碗配套使用。

183

银"储秀宫茶房"款茶船

年代　清晚期
收藏单位　故宫博物院

　　茶船是茶托的一种，有金、银、珐琅等多种质地，因其形状似舟，故以茶船或茶舟名之。这件茶船为银制，器底刻有"储秀宫茶房"款，为晚清慈禧太后的御用茶具。按，慈禧太后久居储秀宫，"储秀宫茶房"即她的专用茶房。

184

手提式瘿木茶籯

年代　清乾隆
收藏单位　故宫博物院

　　茶籯是用于盛装成套茶具的匣盒式器物，有木制和竹制两种。乾隆时期制作和使用的茶籯，多者可装置茶炉、茶壶、茶碗、茶筒、水铫（煮茶用具）、铜筷、铜铲和炭盆。组合起来，为一套便于携带的灵便茶具；分开观赏，则每件都是精巧的艺术珍品。此茶籯为树瘿木制成，长方形，内装六方形紫砂壶、罐及茶炉各一，另有3个抽屉用于盛物。

185

竹编铜茶炉

年代　清乾隆
收藏单位　故宫博物院

宫中煮茶用火炉。上圆下方形，外为铜骨竹编，炉膛填土，中间有铁箅相隔，底部为紫檀木托。乾隆帝好品茗，在宫中和御苑均建有茶所，茶炉就是其中的必备之物。这件竹编铜茶炉造型独特，制作精工，同类茶炉在故宫博物院尚存7件。

186

银奶茶壶

年代　清乾隆
收藏单位　故宫博物院

奶茶是清宫的特色饮品，无论宫廷筵宴还是日常佐餐，都普遍饮用奶茶。奶茶的大体做法是：先将茶砖熬成浓茶，之后加入少量的酥油、牛奶和盐，因而又称酥油茶。其配套茶具，则有奶茶壶、奶茶桶和奶茶碗。

奶茶壶是沏奶茶的用具，通常以银、银镀金或铜为之，造型多为圆形或椭圆形。这只银奶茶壶为圆腹，龙身柄，兽吞流。通体为银质胎体上錾刻花纹，盖和纽为杂宝纹和莲瓣纹。庄重、大气，颇具民族特色，为乾隆帝举办宫廷筵宴时的用具。

187

银竹节式奶茶桶

年代　清咸丰
收藏单位　故宫博物院

奶茶桶也叫多穆壶、僧帽壶，斟奶茶的
用具，形如圆筒状。口沿呈僧帽形，附有纽
盖，桶身一侧为龙首流，另一侧为长把手（或
活环链）。宫中备用金、银、铜胎珐琅、瓷等
多种材质的奶茶桶，其中金质多用于皇帝赏赐
奶茶，其他则或陈设，或赏赐，已改变了原有
的实用功能。这只奶茶桶为银质，器身为竹节
式，錾刻万寿字与勾莲纹，为咸丰时期宫中造
办处所造。

188

匏制镶铜镀金里奶茶碗

年代　清乾隆
收藏单位　故宫博物院

奶茶碗为饮用奶茶的用具，有金、银、玉、
翡翠、瓷、木等多种质地，在宫中数量众多，精
品频出。这只外表为匏制，里面则是铜质镀
金，为当年乾隆帝的御用之物。这类采用复合
材料制作的茶碗，还有椰子木雕镶金里碗、槟
榔木雕镶银里碗等，工艺颇具特色。

189

木奶茶碗

年代　清乾隆
收藏单位　故宫博物院

木制、配有铁鋄金镂空碗套和特制的紫檀木匣套。碗底中央刻阳文隶书"乾隆御用"4字款，外圈以银丝镶嵌隶书乾隆御制诗句："木碗来西藏，草根成树皮。或云能辟恶，籍用祝春禧。枝叶痕犹隐，琳琅货匪奇。陡思荆歙地，二物用充饥。"碗中存有一皮笺，上用汉、满、藏三种文字记："土尔扈特四等台吉晋巴恭进木椀一个。"制作木碗的材料来自西藏地区的扎古扎雅木（藏语"桃树"的音译），实际为一种瘿木。从康熙时起，西藏上层便向朝廷进献这种木碗以贺春喜，成为惯例。

190

银荷花式咖啡具

年代　20 世纪初
收藏单位　故宫博物院

清朝晚期，西方的咖啡传入中国。宫中是否也曾饮用，目前还不见史料记载。这套银制咖啡具为日本产品，应为日本人或出使日本大臣送给宫廷的礼物。全套共 8 件，整体呈荷花式，每件器物亦布满荷花纹，包括双耳盖罐、执壶、提梁壶、钵式缸、长耳圆盘。

起 居 篇

　　紫禁城的后半部为皇帝及其家庭成员生活起居所在，通称内廷或后寝。这里宫殿、园林栉比相连，又以宫墙围成若干独立院落，布局紧凑，门禁森严。根据使用者身份的不同，内廷宫殿大致包括：帝、后居住的后三宫，皇帝居住的养心殿，后妃居住的东西六宫，太上皇宫殿宁寿宫区，太后、太妃居住的慈宁宫区和皇子居住的南三所等。除此之外，在西苑、圆明园、避暑山庄等皇家御苑，他们也各有居所。为帝后等人生活起居服务的机构，也大都附设于此。

　　养心殿在雍正以后一直是皇帝的寝宫和日常理政之所，主体建筑呈"工"字形，前殿训政，后殿寝居，两殿以穿堂相连。此外，这里有后妃侍寝的附属建筑，有完备的御膳房、御茶房等服务设施，可谓朝寝兼备。后妃居住的东西六宫，多为一正两厢、前后两进式格局，由举行仪式的前殿、寝居的后殿及东西配殿等20余间主要房屋组成，另有供太监、宫女居住的耳房。各寝宫的内部空间，则类型多样，装饰考究，多以隔扇门、博古架和各种类型的隔罩相间隔，使室内产生半分半断、似合非合的生活情趣。室内多根据需要，铺用不同种类的地毯。加之悬挂宫灯、匾联、挂屏、条幅、贴落，更是充满艺术氛围。宫内所用家具，多为紫檀、黄花梨、红木等上好材料，制作精致，雕刻考究；盆景、花插、钟表等陈设，可谓琳琅满目。

　　紫禁城宫殿墙壁、屋顶宽厚，本身就有冬暖夏凉的效果。除此之外，宫中的防暑御寒措施也颇具特色。如每年夏季各主要院落都以木架、苇席等搭盖凉棚，顶部开有天窗、亮窗，既能遮挡太阳直晒，又可根据阳光强弱随时调节光线。夏季使用特制的冰箱防暑降温、保鲜食物和冷藏各类祭品，为此紫禁城内专门设有冰窖贮存天然冰块。冬季取暖，则设有地炕，并辅以炭盆、手炉。无论冬夏，宫中都使用天然香料熏殿、熏衣，以调节空气，明目提神。所用香具包括香盒、香熏、香筒、香炉等，材质、工艺蔚为大观。照明则使用蜡烛，或置于蜡台上，或插在灯笼中，不同场合使用的灯具不尽相同。

皇帝及后妃休憩、梳妆、盥洗乃至便溺，都由太监、宫女精心侍候。各类日常用品，如被褥、妆奁、镜子、梳具、面盆、浴盆、便盆、痰盂、香皂、脂粉、香水等，都极尽奢华，用以满足生活起居的各种需要。出行工具则主要是车马、轿舆，皇帝、后妃等人在什么场合乘坐什么车轿，都有严格的制度规定，既讲排场又分等级。

清代宫廷日常生活很有规律，以皇帝为例：一般每天寅正至卯初（5—6点左右）起床、漱洗，卯正至辰初（6—7点）进早膳；辰时至巳时（7—11点）上朝理政；午时至未时（11—14点左右）午休、进晚膳，饭后或继续批阅奏章，或读书、绘画、娱乐玩耍；酉时至戌时（17—19点）进晚点，然后沐浴入寝。

一

寝居

（一）寝宫

养心殿后殿明间

养心殿坐落在紫禁城内廷西部南侧，从雍正时期开始，这里取代乾清宫成为皇帝的寝宫。其主体建筑呈"工"字形结构，前殿理政，后殿寝居，前后殿间有穿堂相连。后殿寝宫，除了应召侍寝的后妃宫眷与皇帝的随侍太监，任何人不得随意出入。

后殿共5间，正中明间设坐炕、东、西各有两间暖阁。暖阁次间（外间）、稍间（里间）仅以雕镂精细的金丝楠木花罩略示间隔，设有坐炕、坐椅，供皇帝起居之用，并陈设各种书画文玩、奇珍异宝。殿内装修虽然不算华贵，但陈设别具一格，不落俗套。

192

养心殿后殿东暖阁寝室

养心殿后殿东暖阁为皇帝寝室，分为内外两个隔间。外间为就寝前和起床后梳洗、更衣、饮茶之所，里间靠北设寝床。皇帝寝床即民间所称的"龙床"，实际上是一座精致的木炕，外面为紫檀木雕花通顶式床架，悬挂床帐、床幔和飘带，根据季节采用不同的纱、罗、绸类织物。帐内挂着十几个装有香料的荷包与香囊，既能散发香气又起装饰作用。床铺底层铺有厚实的毯褥，上面则为丝绒床单和绸缎绣花被褥。

床架上方悬挂的"又日新"匾额，语出《大学》："汤之《盘铭》曰：苟日新，日日新，又日新。"大意是要不断追求新的境界。

193

养心殿后殿西暖阁寝室

养心殿后殿西暖阁格局与东暖阁大体相同，其里间也设有一张寝床。寝宫里为什么设置两张龙床？一种说法是为了安全、防止有人暗害皇帝。有史料记载，明代曾将皇帝的寝宫乾清宫分成9个房间，每间设有3张床，皇帝就寝时任选其一，所有床幔同时放下，就连近侍也不知其睡在何处。不过，两个寝室和两张床铺对于主人来说非常方便，类似情况在传统建筑中并不罕见。

194

银镀金双喜字帐钩

年代　清

收藏单位　故宫博物院

　　清宫床帐，夏季用纱、罗，冬季用绸缎夹帐，挂钩虽微却不能俗。这对银镀金帐钩分上下两个部分，下半部分是用于拢起垂挂的帐帘弯钩，上半部分则为镂空双喜字，当为皇帝大婚时所用之物。

195

养心殿"随安室"

　　养心殿前殿为皇帝日常理政之所，但其东暖阁的东北隅却隔出一小间，名曰"随安室"，里面设有皇帝的第三张龙床。这是皇帝斋戒时的卧室，每逢祭祀活动，他都要提前二三日在此斋戒，遵行"六禁"：不饮酒、不食荤、不宴会、不奏乐、不理刑名、不行房事。

196

养心殿仙楼佛堂

　　清朝崇信佛教，尤其推崇藏传佛教，遍布宫禁的佛堂多达40余处。其中，养心殿前殿西暖阁后部一座跃层阁楼结构的佛堂，则为皇帝日常专用。佛堂内以一座无量寿宝塔为中心，楼上绕塔南、西、东三面壁上供奉唐卡，并设供桌，上供铜佛像、佛龛、供器和经书等。无量寿宝塔高达一丈三尺，为紫檀木七层八角阁楼式，象征无量圣界里诸佛、天人所居之宫室楼阁。每层塔均有8个玻璃欢门，门里各供奉铜无量寿佛8尊，7层共计56尊。

197

体顺堂

　　养心殿后殿东西两侧各有耳房3间，东为"体顺堂"，西为"燕禧堂"，分别是皇后、妃嫔侍寝时的宫室。同治初年，两宫皇太后垂帘听政，为照顾小皇帝的生活，慈安太后居体顺堂，慈禧太后居燕禧堂。图为体顺堂东次间原状。

　　平时，后妃在内廷东西六宫各有独立的住所，但皇帝不能到她们的宫中过夜；如果皇帝需要侍寝，她们才应召到养心殿陪同。不过，后妃却不能整夜陪皇帝共眠。后殿两侧的围房，陈设相对简单，则是地位较低的嫔、贵人、常在、答应等侍寝时的临时住所。

198

长春宫明间

　　长春宫是西六宫中的独立院落之一，为一正两厢、前后两进式格局。图为长春宫前殿明间陈设。

　　乾隆时期对后妃居住的东西12座宫院的陈设，曾作出统一规定：前殿各设屏风一座、宝座一座、宫扇一对、甪端一对、香几一对、香筒一对，供后妃在本宫接受请安、行礼；乾隆帝还各题御笔匾一块，悬挂每宫正中。谕令这些规定永远不许更改，但以后各代多有变动。如长春宫的御笔匾，即由当初的"静修内则"换为"德洽六宫"。

199

《红楼梦》壁画

　　长春宫院内回廊内壁上，绘有18幅以《红楼梦》为题材的巨幅壁画，内容有"怡红院""潇湘馆""稻香村"及"贾母逛大观园"等。画面运用透视学原理，绘制的人物栩栩如生，亭台楼阁等景物富有立体感。壁画创作于清朝晚期，很可能是慈禧太后居长春宫时所为，因为她喜欢《红楼梦》，每每自比贾母。

储秀宫西稍间寝床

储秀宫也是西六宫之一，建于明代，清代多次修葺。晚清慈禧入宫时即在此居住，并为咸丰帝生下大阿哥即后来的同治帝载淳。光绪十年（1884）她五十大寿时修缮一新，其后又居住 10 年。当时这里有太监 20 多人，宫女、妈妈等 30 多人，日夜服侍其起居。

慈禧太后的寝床设在储秀宫西稍间北边，外面为紫檀木雕子孙万代葫芦床架，张挂蓝缎绣藤萝幔帐。床上安紫檀木框玻璃镶画横楣床罩，张挂缎面绸里五彩苏绣帐子，铺盖各式绸绣龙、凤、花卉被褥。

寿康宫

慈宁宫区位于紫禁城西侧，是以慈宁宫为主体，以寿康宫、寿安宫为辅弼的建筑群。这里是太后的生活区，太妃、太嫔等随居于此，属于宫中独有的"寡妇大院"。一般情况下，她们都住在寿康、寿安两宫，慈宁宫则是专供举行典礼的场所。其中，寿康宫在慈宁宫西侧，为一座南北三进式院落。

咸若馆佛堂

慈宁宫区域的一大特点，就是佛堂很多。因为那些太后、太妃等先皇后妃不能随便外出，也没有别的娱乐活动，只能每日烧香拜佛，在百无聊赖中寻找一点精神寄托。她们中有的年龄不过二十几岁，却不得不过"红颜暗老白发新"的清寡、单调生活。

咸若馆是慈宁花园中的一座方亭式建筑，内设佛像、法器和祭器，专供太后、太妃等礼佛之用。

乐寿堂内景

宁寿宫区位于紫禁城东北部，是乾隆帝为自己退位之后准备的太上皇宫殿。整组建筑仿照中轴线上的前三殿（太和殿、中和殿、保和殿）和后三宫（乾清宫、交泰殿、坤宁宫），也分前朝、后寝南北两部分，整体布局如同一座微缩的紫禁城。

乐寿堂为"后寝"建筑之一，也是太上皇宫殿的寝宫。清末慈禧太后曾在此居住，以西暖阁为寝室。

太监值房

后宫每座宫殿都有专门的太监服务，少则数人，多则十几人，负责本宫的陈设洒扫，承应各种差使，夜间还要轮班坐更。他们以宫殿周围一些矮小的房屋为值房，图为养心殿前西值房。

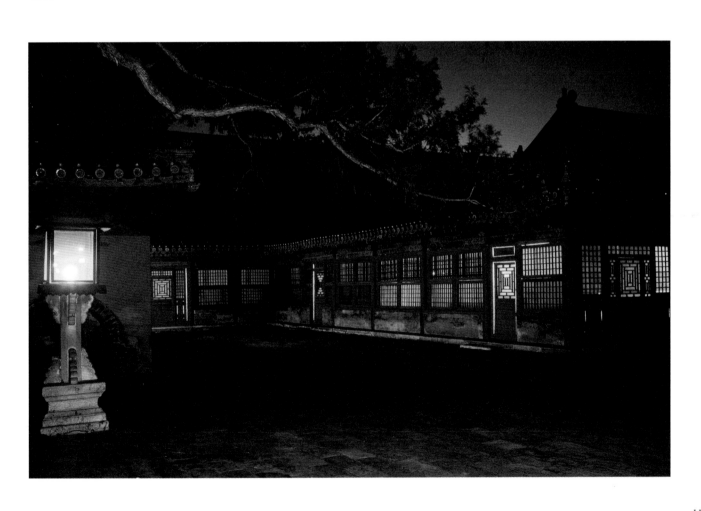

（二）铺盖

205

黄地万字锦纹栽绒地毯

年代　清康熙
收藏单位　故宫博物院

　　宫中殿宇、寝宫、佛堂、书房等处的地面或
地平（摆放宝座的木台），多根据需要铺用不同种
类的地毯。何时、何地使用何种颜色与纹样的毯
子，主要取决于皇帝的个人喜好。一般来说，用
于举行礼仪活动的殿宇多用龙纹毯，内廷寝宫与
皇家苑囿则以各式花卉纹毯为主。
　　这件地毯为康熙年间北京织造，花纹古朴、色
彩典雅、质地厚重、工艺优良，为清代早期地毯
之精品。

206

盘金银线玉堂富贵栽绒壁毯

年代　清康熙
收藏单位　故宫博物院

　　壁毯又称墙毯，多以羊毛、蚕丝、麻等材料
混纺，主要用于冬季，具有保暖与装饰双重功能。
这件壁毯依据宫廷画稿设计，采用新疆传统方法
编织而成。毯心主体图案为灵芝、牡丹、翠竹、桂
花、石榴、玉兰、太湖石和蝴蝶等，寓意玉堂富贵。
大量使用金银线盘结丝线，美观别致，富丽堂皇。

207

黄地绿团龙纹栽绒脚垫毯

年代　清晚期
收藏单位　故宫博物院

　　新疆织造，采用传统工艺而使用化学染色。图案四角各有一团如意云纹，中心为团龙纹，绿色龙身缠绕火珠、如意云纹等，寓意皇帝吉祥如意。上下两段图案完全相同，可从中间分开，各自单独使用。

　　脚垫毯并非宝座前或寝床下所设脚踏上的毯子，而是直接铺在地面上供踩踏之用。

208

黄色江绸绣勾莲云蝠纹坐褥

年代　清
收藏单位　故宫博物院

　　坐褥即铺在炕几两侧或坐椅上的褥垫，里面一般絮以棉、毡等材料，既隔热保暖又柔软舒适。这只坐褥带靠背、引枕，褥面为明黄色江绸绣勾莲云蝠纹，为宝座上的铺用之物，作用类似于今日之沙发。

 209

黄色布绣花卉炕单

年代　清

收藏单位　故宫博物院

帝后使用的床单，明黄色棉布制成，染绘蝙
蝠、桃实、菊花、蔓草及卐字等图案，寓意福寿
绵长。

210

象牙凉席

年代　清中期

收藏单位　故宫博物院

席面由薄如竹篾、宽仅 2 毫米的扁平象牙条
编织成人字纹，纹理细密，平整光滑。边沿包黑
色缎边，背面包衬枣红色绫缎。至今仍洁白柔润，
收卷自如。宫中夏天普遍铺用草席、竹席，此席
则更为柔软舒适、凉爽宜人。

象牙席是明清时期广州的传统工艺，清中期
曾作为重要贡品。但其使用象牙较多，工艺复杂
艰巨，造价昂贵，崇尚勤俭的雍正帝传旨永不再
做，民间亦禁止购用。据档案记载，宫中曾有象
牙席 5 张，故宫博物院至今仍存 3 张。

211

黄色彩云金龙纹妆花缎绵被

年代　清
收藏单位　故宫博物院

　　缎面、布里、内絮丝绵。被面上段为青色，下段为明黄色，织金龙、火珠、彩云及海水江崖，为皇帝的御用品。

212

石青色云凤牡丹纹缎绵被

年代　清
收藏单位　故宫博物院

　　缎面、布里、内絮丝绵。被面上段为石青色，下段为黄色，织彩色云凤纹，为后妃所用。

二
陈设

（一）家具

213

酸枝木雕云龙纹架子床

年代　清
收藏单位　故宫博物院

　　架子床是一种上有顶架的大型卧具，一般在四角安立柱，床面两侧和后面设围栏。上端四面安楣板，顶上有盖，俗称"承尘"。这张架子床为酸枝木制，床身采用透雕、镂雕、圆雕、高浮雕等技法，通体装饰云龙纹。材质厚重，工艺精湛，装饰华美，体现了清代家具的高超水平。

紫檀嵌瓷心罗汉床

年代　清
收藏单位　故宫博物院

　　罗汉床是一种两侧及后面装有围栏的床，属于坐卧两用的家具，卧则称"床"，坐则称"榻"。作为坐榻使用时，一般正中放一炕几，两侧铺设坐垫、放置倚枕，可供二人倚坐。这张罗汉床为紫檀木制，上有九屏式床围，9个屏框内分别镶嵌饰一朵五彩花卉纹的瓷片，色彩艳丽，与深紫色的紫檀木相映衬。床围带有活榫，可开可合。

《观鹊美人图》

年代　清雍正
作者　佚名
收藏单位　故宫博物院

　　这是雍正时期宫廷画家所绘 12 幅美人图之一。图中美人的坐具，是床围镶嵌大理石的罗汉床。

216

紫檀嵌牙花卉纹宝座

年代　清
收藏单位　故宫博物院

　　宝座即形体较大的座椅，其造型、结构与罗汉床并无太大差异，只是形体较小。宝座多陈设在各宫正殿明间，为皇帝、后妃专用。有时也放在配殿或客厅，一般陈设在室内中心或显要位置。清宫宝座形式多样、均材质贵重、工艺高超。这张宝座为紫檀木制、楠木心座面、五屏式座围镶嵌染象牙菊花图。

 217

宫扇

年代　清

收藏单位　故宫博物院

宫扇多以孔雀羽毛粘贴，形如掌面，饰以铜制凤头，再加长柄。它不仅是传统的纳凉用具，也是宫廷礼仪的陈列品，一般成对陈设在宝座后的屏风两侧。这支宫扇为金漆木杆，插在宝瓶式底座内，与宝座、屏风等陈设融为一体。

218

酸枝木嵌螺钿脚踏

年代　清末

收藏单位　故宫博物院

脚踏亦称脚凳，是放置在宝座、床榻等坐卧具前的矮凳。脚踏除蹬以上床或就座外，还有搭脚的作用。一般大型坐具座面较高，将双脚置于脚踏上，可以达到舒适目的。这只脚踏为酸枝木制作，面下牙条与腿部镶嵌螺钿杂宝花纹，造型规矩，大方而实用。

219

紫檀嵌珐琅扶手椅

年代　清

收藏单位　故宫博物院

　　清宫椅类坐具种类、名称很多，有宝座、交椅、圈椅、官帽椅、扶手椅、靠背椅，等等。这件扶手椅为紫檀木制，椅背及扶手透雕卷云纹。背板上端镶黄杨木雕磬纹及流苏，正中嵌番莲纹掐丝珐琅片。工艺繁缛细腻，颇具宫廷特色，现陈设于储秀宫东次间。

220

文竹方杌

年代　清中期

收藏单位　故宫博物院

　　杌即不带靠背的坐凳，大体可分方、圆两种形式。这只方杌为木胎，通体包镶文竹，方形抹角杌面、束腰曲腿，造型简练大方。

孔雀绿地斗彩荷莲纹绣墩

年代　清乾隆

收藏单位　故宫博物院

　　绣墩是宫中比较盛行的坐具，因起源于织绣坐垫而得名。绣墩多为圆形，特点是两头大、中间小，形似花鼓，有木制、竹草编制、瓷质、雕漆等多种。

　　这件绣墩为瓷制，器身四周有如意头形镂空。墩面为紫地轧道粉彩装饰，其中心为天蓝地斗彩装饰。器身大面积的荷莲纹为蓝地斗彩加绘粉彩，釉上填矾红、绿、蓝、白、紫、青花等彩料。上下各有一周紫地金彩鼓钉。制作精美，采用多种彩饰工艺，为乾隆时期瓷质家具的代表作品。

黄花梨木方桌

年代　清初

收藏单位　故宫博物院

　　清宫桌案类家具，包括方桌、圆桌、长方桌、炕桌、炕几、平头案、翘头案等。其中，方桌有大小之分，分别称为"大八仙桌""小八仙桌"。这张方桌为黄花梨木制，边长82.5厘米，属于"小八仙桌"。面下束腰，牙角镂雕螭纹，造型简练实用。

223

紫檀木雕花半圆桌

年代　清

收藏单位　故宫博物院

　　紫檀木制，桌面呈半圆形，面下束腰雕花，下部镶嵌透雕式底盘。半圆桌又称月牙桌，一般成对出现。两张拼合起来即为圆桌，用于临时待客或宴饮；分开使用，常在厅堂两侧对称陈设。

224

红漆嵌螺钿炕桌

年代　清中期

收藏单位　故宫博物院

　　中国北方有坐在炕上休息的习惯，炕上所摆的矮腿桌就称作炕桌。帝后妃嫔的寝宫到处有炕，上面的炕桌也多种多样。这件红漆嵌螺钿炕桌，桌面共嵌螺钿寿字120个，边沿嵌螺钿卍字锦纹地，寓意万寿无疆。

紫檀云龙大柜

年代　清
收藏单位　故宫博物院

　　清宫柜橱类家具，泛指柜、箱、匣、架等存
贮衣物、器具的家具。其中，柜子又分为顶竖柜、圆
角柜、方角柜、博古柜等多种。帝后起居的宫殿
都陈设大柜，用来存放随时更换的衣冠及宫中陈
设等物。这件顶竖柜陈设在养心殿后殿西次间，柜
门浮雕云龙纹饰，每扇门上雕有5条行龙，遨游
于密集的云层之中。

 226

文竹提梁小柜

年代 清

收藏单位 故宫博物院

　　小型箱柜不仅用于宫中储物，外出时亦可携带。这件小柜为木制，柜顶上端安有铜提梁。打开对开式柜门，可见里面设有一层精巧的抽屉。通体采用文竹包镶，在浅色的竹簧地子上粘贴深色竹簧镂刻的花叶纹饰，再配以流金溢彩的金属饰件，更增其雅洁之气，颇见巧思。

 227

湘妃竹雕漆博古图柜格

年代 清中期

收藏单位 故宫博物院

　　柜格是柜与格的结合式家具，形式为上格、下柜。这件柜格为木胎，外包湘妃竹面加剔红装饰，4扇柜门均雕博古图案，工艺细腻，雅致清新。柜格多陈设于厅堂或书房，柜内放置杯盘茶具，格中放书或陈放文玩，使得室内环境更为幽雅。

漱芳斋内多宝格

年代　清中期
收藏单位　故宫博物院

　　多宝格又称博古格，是专门用于陈设的家具。其独特之处在于每格横竖不等，高低不齐，参差错落，在视觉上突破了横竖连贯的传统格调，适合陈放不同大小和造型的文玩。紫禁城漱芳斋前殿东次间的多宝格，大小占满整个墙面，陈设各类文物百余件，体量堪称中国多宝格之最。

紫檀嵌珐琅五伦图宝座屏风

年代　清乾隆
收藏单位　故宫博物院

　　清宫屏风形式有多种,包括座屏风、曲屏风、插屏和挂屏,不仅是常见的实用家具,更是宫室内不可缺少的装饰。其中,座屏风等级最高,设在各宫正殿明间的宝座后,多由单数组成,最多9扇,最少3扇。通常正中一扇最高,两侧依次递减。

　　这座屏风为紫檀木质、5扇,下承八字形莲瓣纹须弥座,周围透雕云蝠纹屏帽及站牙。錾胎珐琅屏心,图案取自"五伦图",即凤凰、仙鹤、鸳鸯、鹡鸰、莺5种禽鸟,再配以山水树石及各种花卉。"五伦"是指君臣有义、父子有亲、夫妇有别、长幼有序、朋友有信,为当时追求的社会准则。

紫檀边座嵌象牙五百罗汉图插屏

年代 清乾隆
收藏单位 故宫博物院

　　插屏属于带座屏风的一种，通常为独扇，形体大小差异很大。大者多设在室内当门之处，小者可陈设在桌案上观赏。这座大插屏边、座为紫檀木制，屏心以鸡翅木雕群山，以象牙雕高台、树木、瀑布与河流。山上、山下、树丛、平台、牙雕五百罗汉各持法器，或交谈，或观望。屏心上部正中，有乾隆帝御制《罗汉赞》一首；背面，雕《半壁出海日图》。

紫檀嵌金桂树挂屏

年代 清乾隆
收藏单位 故宫博物院

　　挂屏是皇帝与后妃寝宫都很常见的装饰，多代替画轴在墙壁上悬挂。这件挂屏为紫檀木制，边框浮雕夔纹；屏心在木胎上漆蓝色地，用纯金捶打出山石、花草、桂花树，花草树叶以各色彩漆描绘，左上角以黄金嵌成乾隆帝御制诗。材料珍贵，图案立体感强，为清宫挂屏之珍品。

232

紫檀木香几

年代　清中期
收藏单位　故宫博物院

　　香几是进行供奉或祀祷时置放香炉的高足家
具，也可陈放花盆、花瓶或其他文玩。形制上多
采用曲线形结构，几腿常做成三弯形式，修长优
美，足下踩托泥，造型端庄婉丽。这只香几为紫
檀木制，几面方形委角，束腰处透雕螭虎、灵芝
图案，线条流畅，美观大方。现成对陈设在储秀
宫正间宝座两旁，每只各陈放一盆万年青盆景。

酸枝木龙首衣架

年代　清
收藏单位　故宫博物院

　　衣架形式通常是两根立柱架两道横梁，立柱
下端安装两个纵向木墩。这件衣架为酸枝木制，上
横梁两端雕回首相顾的两个龙首，中梁三块绦环
板上透雕二龙戏珠纹，底座满雕云龙纹，当为皇
帝御用之物。

234

酸枝木雕竹节盆架

年代 清末

收藏单位 故宫博物院

　　盆架即承托面盆等用具的支架，有圆形及四角、五角、六角各种形式，形如大型圆凳。这只盆架为酸枝木制，5 根立柱，通体圆雕龟背竹纹。用料粗硕，稳定性强。

235

画珐琅冠架

年代 清

收藏单位 故宫博物院

　　冠架即放置冠帽的支架，由帽伞、梃手和底座三部分组成，一般放在桌案上，便于脱帽戴帽。清代官员的冷帽、暖帽，不少都带有花翎，因此冠架便成了他们不可缺少的生活用具。宫中所用冠架，材质有瓷、漆、珐琅、牙雕、木雕等多种，工艺相当精致考究。这只冠架为画珐琅制品，上面有精美的代表福寿的花卉纹样。

（二）摆件

236

铜镀金写字人钟

年代　18 世纪
收藏单位　故宫博物院

　　钟表既是具有实用价值的计时器，也是珍贵的陈设用品，同时又可作为宫中赏玩的娱乐用具。这座机械钟为铜质镀金，整体呈四层楼阁式。底层为写字人，为欧洲绅士形象，有一套独立的机械设置。上弦并开启开关，写字人便在面前的纸上写下工整的"八方向化，九土来王"8 个汉字。第二层是钟表的计时部分。第三层有一敲钟人，每当报完 3、6、9、12 时，便敲打钟碗奏乐。顶层圆亭内有二人手举一圆筒作舞蹈状，启动后二人旋身拉开距离，圆筒展成一横幅，上书"万寿无疆"4个汉字。

　　这座"洋为中用"的大型钟表，是 18 世纪英国伦敦制造商为清宫所特制。

237

象牙雕龙舟

年代 清光绪
收藏单位 故宫博物院

　　宫中陈设品，象牙雕制。龙舟昂首翘尾，内设3层楼阁，每层均雕梁画栋、玲珑剔透。舟中有王母、众天女、八仙、福禄寿三星及船夫、乐手等共42人。此为慈禧太后六旬大寿时，清宫内务府大臣进献的贡品，由广州牙匠按如意馆绘制的图稿奉命雕制。整体雍容富丽，制作不惜工本，在晚清牙雕工艺品中首屈一指。

水仙盆景

年代　清乾隆

收藏单位　故宫博物院

　　盆景是宫中常见的陈设，尤其是到了节日，除了摆放鲜花外，还要陈设各式珍贵的盆景。这只盆景采用青玉菊瓣式盆，四角雕成双叶菊花形，菊花上嵌红宝石、绿料，盆下腹又雕叶纹，上嵌绿料并错金线为脉络。盆中有青金石制湖石，并植5株染牙叶水仙，雕象牙为根，白玉为花，黄玉为心。

　　水仙主题的盆景取芝仙祝寿之意，每逢帝后寿诞，地方官多有呈进。

翠花鸟花插

年代　清

收藏单位　故宫博物院

　　花插为插花用具，也可作为观赏品独立陈设。清宫花插有瓷、玉、珐琅、玻璃等多种质地，形状、装饰丰富多彩，其中树桩形花插较为典型。这件花插用翡翠雕制，呈青绿色，局部有深绿及黄褐色。外壁镂雕牡丹花枝，枝上立着禽鸟。下配以镂空雕花红木座。

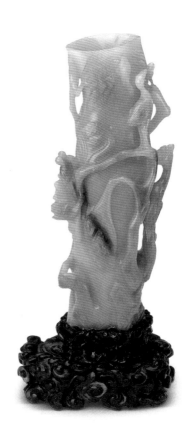

240

酱地描金凸雕灵桃瓷花瓶

年代 清乾隆
收藏单位 故宫博物院

　　瓶体呈三瓣花形，长颈，圆腹，圈足。瓶内壁施松石绿釉，外壁在酱色釉上绘金彩缠枝菊纹。颈部堆塑卷曲的枝叶和5枚鲜嫩欲滴的桃实，肩部加缀灵芝。造型别致，具有多层次感与立体效果，应为乾隆帝寿辰时的贺寿之物。

241

掐丝珐琅冰裂纹圆花盆

年代　清

收藏单位　故宫博物院

　　以铜胎掐丝珐琅制成，圆形、直壁、三足。通体施蓝色珐琅釉，呈开片式冰裂纹、黄色丝绳网罩。造型新颖别致，为宫中使用的高档花盆。

242

青花人物图六方花盆

年代　清康熙

收藏单位　故宫博物院

　　花盆即栽种花草的盆具，多为瓷质，大小不等。造型有葵花式、海棠式、折沿式及长方、正方、六方、八方、椭圆等式，通常与花盆托一起使用。这只花盆呈六方体，每面均绘人物故事图。折沿，深腹，底部有两个渗水圆孔。

243

掐丝珐琅嵌珊瑚三镶九九如意

年代 清
收藏单位 故宫博物院

　　如意最初为搔痒用具，后因其名称"如人之意"，逐渐演变为象征吉祥的礼品和摆设。如意在宫中备受推崇，大凡皇帝登基、大婚及元旦、万寿等节庆之日，大量精粹华美的如意纷纷被贡入皇宫。造办处的匠师，也经常承旨制作如意。它们材质贵比金玉，制作极尽工巧。宫禁之内，无论宝座、卧榻还是案头，几乎处处都有如意的形影。

　　这套如意为九柄成套，既含如意之意，又取阳数中最大的"九"，代表九如。采用掐丝珐琅工艺制作，柄身首、中、尾部镶嵌红珊瑚，雕蝙蝠、"寿"字，寓意福寿双全。如意是吉祥如意的象征，官员们的贡单中多以如意为首，常常以九柄成套入贡，最多时可达九九八十一柄。

244

《十二美人图》之"赏菊"

年代 清雍正
作者 佚名
收藏单位 故宫博物院

　　如意首部形状如心、如云、如芝，长柄宛曲，一柄在握，赏心悦目。这是雍正时期绘制的 12 幅美人图之一"赏菊"，图中美人正手执木雕如意，欣赏菊花。

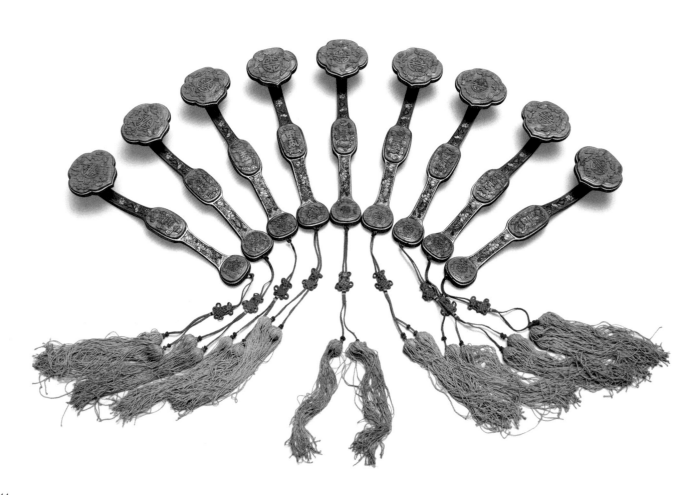

三

日用

（一）梳妆

245

漆皮面理发工具盒

年代　清晚期
收藏单位　故宫博物院

　　清朝男人发式，均为剃发留辫，即将脑前的头发剃光露出脑心，两鬓及脑后稍加修理，再将剩下的头发编成辫子垂到脑后。皇帝剃头有一定日期，一般为每月的初一、十一、二十一，即 10 天剃一次。刮胡须则随时进行，没有定时。

　　这件理发工具盒为漆皮面，带有暗锁，盖内镶嵌一面玻璃镜子。盒内分为 3 层，装有各种剃头用具 26 件，包括大刮刀、小刮刀、剪子、磨刀石、小锉、毛刷、粉盒、耳挖勺、眉笔、头油，还有一件犀牛角团寿字如意花蔓纹的刮痧板。每件都精致小巧，为宣统帝溥仪的理发用具。

246

象牙柄大小剃刀

年代　清晚期
收藏单位　故宫博物院

　　皇帝的理发工具，有玳瑁、黄杨木、枣木等不同质地。这几件象牙柄大小剃刀，为上述理发工具盒中的用具。

247

檀香油瓶

年代　清晚期
收藏单位　故宫博物院

　　上述理发工具盒中的头油瓶，皇帝剃头时所用。

后妃梳妆台

年代　清晚期
收藏单位　故宫博物院

　　爱美之心人皆有之，后妃尤其热衷梳妆打扮：一来她们终日无所事事，爱美是女人的天性；二来只有充分展示美感，才能在众多女子中显露头角。后妃们每天起床的第一件事，就是坐在梳妆台前，对着镜子精心梳妆。其寝宫中最重要的陈设，恐怕非梳妆台莫属。这是长春宫的梳妆台。

 249

黑漆描金镜奁

年代　清中期

收藏单位　故宫博物院

镜奁又称"镜匣""妆奁"，即本身带有镜子，且可盛放梳妆用具的箱匣。

这件妆奁为方形，分上下两部分。上部开盖后可支起一面铜镜，这是玻璃镜从西方传入前，宫中普遍使用的镜子，虽然美观耐用，但呈像不够清晰。下部有两扇门，开启又有小门、抽屉，用于摆放梳妆用物。妆奁的装饰采用漆地描金工艺，绘有各式花草纹样，局部使用雕刻。整件器物古色古香，富贵华丽。

250

硬木嵌珠宝镜盒

年代　清

收藏单位　故宫博物院

硬木质，由上镜、下盒组合而成。以铜镀金片做成山石、花木，然后将红宝石、蓝宝石、碧玺、翡翠、珍珠、青金石等各种珍宝镶嵌其中，粘贴在镜盒上，形成各种庆寿吉祥图案。木质清香，装饰华丽，工艺精湛，应为皇太后或皇后所用。

蓝透明珐琅描金喜字把镜

年代　清晚期
收藏单位　故宫博物院

　　把镜是拿在手中使用的镜子，由镜身、镜柄两部分构成。这只把镜镜身呈椭圆形，正面为玻璃镜，用以照面；镜背以珐琅彩卍字纹为地，中间嵌"囍"字，四周环绕八宝纹。沿镜边嵌透明蓝珐琅描金花卉镜圈，用以固定镜面、镜背。镜柄为棍状直柄，柄底端嵌铜镀金箍并系有带珊瑚珠的黄丝线穗。

　　故宫博物院收藏的原清宫使用的玻璃镜，种类繁多，用途广泛，大致可分大殿中的大型紫檀雕龙落地镜、各种装饰的穿衣镜、梳妆台上的化妆镜、钟表上的西洋纹饰镜、各种首饰箱盒中的镜子，以及各种把镜、折叠容镜、小件挂镜等。

织锦梳具盒

年代　清晚期
收藏单位　故宫博物院

　　盒为长方形，以硬纸板糊制，外裱织锦。盒内设许多大小不等的长方格，按类码放黄杨木制各类梳具共25件。计有：梳子9件，由小到大依次排列。大号用于梳通长发，中号梳压鬓发，小号（亦称"抿子"）梳理额头、鬓角；竹篦2件，篦齿一疏一密，使用时先疏后密；剔篦2件，用于清理篦子缝中污垢；扁针2件，用于分头缝和掖外露的碎发；胭脂棍2件，用于调胭脂；长把毛刷4件，用于蘸胭脂涂腮；横把长刷4件，用于蘸头油、刨花水及清洗梳、篦。

　　清宫遗留下来的梳具，以象牙、黄杨木质居多，还有少量玳瑁、牛角、枣木和竹制。

253

牛角梳子

年代　清
收藏单位　故宫博物院

　　后妃重视美发、养发，但按满洲传统习俗却很少洗头，只是按部就班地梳头、篦头，将头发打理得干干净净。梳头时，先用粗齿梳子将头发从根到梢梳通，再用粗齿篦子梳掉发中污物，最后用密齿篦子篦掉发根的头皮屑。这样对头皮进行有节奏地梳、篦按摩，不仅能够起到洁净作用，还可以促进血液循环，具有"干洗头"之功效。这件梳子采用黑色牛角制作。

254

骨背竹篦子

年代　清
收藏单位　故宫博物院

　　这是宫中使用的普通篦子，竹齿骨背，制作相对粗糙。

255

铜镀金架香水瓶

年代　清晚期
收藏单位　故宫博物院

　　晚清后妃使用的香水多为西方的舶来品。这架香水瓶构思巧妙，铜镀金三角形立式支架，每面各有一扇蓝玻璃蛋形小门，上设半圆形铜镀金手柄用以开关。打开小门，即可见带盖的蓝玻璃小瓶。精美的包装烘托出香水的高档次，为宫中化妆品之极品。

256

英国香水

年代　18 世纪
收藏单位　故宫博物院

　　欧洲人利用植物制作花露水、香水等化妆品，在
16、17 世纪十分盛行。不久，各种西洋化妆品便通
过商贸船只进入中国，并很快为宫中的后妃接受和
赏识。清宫遗存的外国香水，产自英、法、俄等多
个国家。这瓶香水白色刻花玻璃瓶，玻璃钻石形纽，
瓶底纸签印有"1777 LONDON EAST"（1777 年伦
敦生产）。外包装为腰圆形盒，白色盒面印烫金英
文"GUARANTEELABEL"（质量承诺）。

257

铜镀金四方委角粉盒

年代　清晚期
收藏单位　故宫博物院

　　后妃化妆用具，四方委角形，四面均装饰透
雕花卉图案。盖内安玻璃镜，盒内中隔为二，可盛
放胭脂、香粉等化妆品。后妃化妆用的脂粉，以江
南扬州、杭州、苏州的产品为佳，即便在北京制
作，也多用南方配方与原料。乾隆时期曾派专人前
往采购，或由江南三织造代为购买，称为"宫粉"。

（二）盥洗

258

掐丝珐琅面盆

年代　清晚期
收藏单位　故宫博物院

　　面盆即洗脸盆，宫中所用有铜、瓷、珐琅等质地。这只陈放在储秀宫的铜胎掐丝珐琅面盆，内外均为莲花、寿字图案，配以通体嵌螺钿双龙双凤纹的黄花梨木盆架，更显华丽尊贵。

　　宫中后妃十分注重养颜，以慈禧太后晚年为例：每天早上洗脸都采用热敷方式，就是先在面盆中装满洒了香料的热水，再以细腻柔软的纯棉毛巾浸透热水，按照肌肤的纹理，细心地擦敷。这样长年累月地热敷，使她的脸上基本没有皱纹，总能保持光鲜滑润，富有光泽。

259

铜镀金龙凤纹双喜字面盆

年代 清
收藏单位 故宫博物院

　　铜质，宽折沿，平底。通体鎏金，錾刻龙凤纹和双喜字，当为帝后大婚时所用。

260

红漆描金浴盆

年代 清
收藏单位 故宫博物院

　　椭圆形，平底，供成人洗浴大小适中。其制作方法是先用藤条编制成形，再施灰、涂漆。漆层很厚，大约要反复涂饰几十道，最外漆成朱红色，再饰以描金花卉图案。这种浴盆具有良好的保温性，又有不怕烫、不怕摔、不渗漏、不变形等特点，故成为皇帝、后妃沐浴之首选。

　　皇帝、后妃沐浴，分别由太监、宫女侍候。后妃一年中的沐浴次数没有特别规定，一般根据季节、个人喜好随时安排。皇帝沐浴除个人卫生因素外，还有礼制方面的要求：举行各种祭祀活动之前，都要沐浴更衣，进行斋戒。

261

锡皂盒

年代 清

收藏单位 故宫博物院

　　皇帝、后妃洗浴用的香肥皂，多为宫中根据成方配制，实物现已无存。这是当年使用的锡制皂盒。

262

奥地利香皂

年代 清晚期

收藏单位 故宫博物院

　　清朝晚期，洋香皂也出现在宫中。这块香皂为圆形铁盒装，浅蓝色盒面上的外文标识：FINEST TOILET SOAP（上乘卫生用品）GOTTLIEB TAUSSIG PERFUMER（陶西格公司，芬芳型）VIENNA AUSTRIA（产地：奥地利维也纳），to the Jmp and Roy. Court of Austria（专供奥地利皇室）。

263

香色绸绣花手帕

年代 清光绪

收藏单位 故宫博物院

　　香黄色地暗花绸，双面绣桃花、梅、竹和石榴等纹饰，四周曲齿边。中心为3个粉色桃子，另有蝴蝶、蝙蝠和卍字，寓意万代福寿在眼前。

白玉夔龙纹唾盂

年代　清
收藏单位　故宫博物院

　　唾盂即痰盂，为宫中日常卫生用具，有瓷、漆、竹、玻璃、珐琅等不同质地和多种造型，在宝座旁及各寝宫多有放置。这件唾盂则为白玉雕制、圆形，配有紫檀木底座。菱花式宽折沿，有组合式内胆，器盖、外壁雕饰夔龙纹。造型小巧玲珑，既有实用性，又富艺术性。图为器、盖、胆与底座的分解形式。

画珐琅花蝶纹唾盂

年代　清乾隆
收藏单位　故宫博物院

　　这件唾盂为铜胎画珐琅制成，长方委角形，宽折沿，有组合式内胆。器盖装饰葵花图案，以镀金铜纽为花蒂。外壁及边沿为黄色珐琅釉地，分别绘写生牡丹、缠枝花。器底施白色釉，署蓝色"乾隆年制"楷书款。或许是由于此物不洁的缘故吧，乾隆皇帝曾下谕旨："以后做唾盂不要带款！"所以故宫博物院现藏珐琅唾盂中带有乾隆年款者仅此一件。

 266

锡便盆

年代 清

收藏单位 故宫博物院

　　宫中没有厕所,上至皇帝、后妃,下到太监、宫女,人们普遍使用便盆。帝后所用便盆多为银或锡质,不仅制作考究,而且称呼也比较文雅,叫作"官房"或"如意盆"。这只便盆为锡质、呈椭圆形锡盒状,带有抽拉式屉板,以隔污物。

267

养心殿"卫生间"

　　帝后使用的便盆,平时放在寝宫的小隔间里,盆底垫入炭灰,使用时皇帝和后妃分别由太监、宫女侍候。每天有清运垃圾的车辆,定时往来于指定地点,由太监倾倒、清洗干净。另外,各宫的宫女、太监也有存放便溺用具的场所,称作"净房"。

　　这是设在养心殿西稍间的皇帝卫生间,木架坐凳式便具,座面衬以柔软的棉物,外包明黄锦缎。凳中放置锡便盆。

（三）熏香

268

金色藏香

年代　清
收藏单位　故宫博物院

　　藏香为西藏特产，是将藏红花、雪莲花、麝香、藏蔻、红景天、丁香、冰片、檀香木、沉香、甘松等20余种名贵香料和药材加工而成，既可以用作熏香，又有一定的药用价值。藏香有粗细之别，且有金、紫、褐、蓝、黄、墨、粉红、藕荷等多种颜色。在清宫，藏香除用于日常礼佛与祭祀活动外，一般用来熏殿、熏轿，以去除浊气，醒脑安神。图为金色藏香。

269

彩色香饼

年代　清
收藏单位　故宫博物院

　　藏香产量有限，不仅民间十分罕见，即便在宫中也显得弥足珍贵。根据档案记载，清宫经常将破碎的柱状藏香收集起来，制成香饼，谨慎保存和使用。这是用各色碎香制作的彩色香饼。

刻云鹤纹檀香

年代 清
收藏单位 故宫博物院

　　檀香树主产于我国广东及东南亚一带，生长极其缓慢，通常要数十年才能成材。檀香木质地细密，香气袅绕，可制器物，亦可入药，更被奉为制香珍品。不过，檀香单独熏烧气味不佳，需与其他香料配合才能散发独特的芳香。
　　这支檀香通体雕刻精美的云鹤图案，当为地方官员的贡品。

莲头香

年代 清
收藏单位 故宫博物院

　　莲头香为莞香的一个品种。莞香即出产于广东东莞地区的香料，清代大量进入宫廷，上等莞香如切花香、严露香、莲头香等，深受皇家的喜爱，故宫博物院至今仍收藏数盒清宫遗物。这些香料呈较薄的块状，因油性较低，极易受潮，故而盛放在锡盒中。盒盖刻有云龙纹饰，贴黄色标签，书"莲头香""严露香""切花香"等香名及进贡日期，表明为地方官员的贡品。

盘香

年代 清
收藏单位 故宫博物院

　　盘香又称环香，为一种常见的香品形状，制作时先将香末制成长线香条，再由内向外依次围绕成若干圆圈，形成同心环状。盘香的主要特点，是燃烧时间比同等质量的线香、柱香更为持久。这盘为褐色，香条横断面呈圆形，属数种香料调和制成的合香。

金甪端

年代 清同治
收藏单位 故宫博物院

　　皇帝宝座两侧，摆放着成对的香亭、仙鹤和甪端。它们既是具有特殊意义的陈设，同时也是实用性很强的香具。香亭又称"香筒"，一般上部为重檐六角形顶，中部为镂空圆柱形，下连带栏基座；其亭式造型，取"亭"与"定"之谐音，寓意天下安定。仙鹤是传说中的长寿神鸟，寓意江山万代，社稷长存。甪端则是传说中的异兽，能日行一万八千里，懂八方语言，寓意皇帝是圣明之君。皇帝升殿时，香筒内插藏香、仙鹤、甪端腹中也放入香料，殿内香气缭绕、肃穆而温馨。

　　这对甪端为纯金打造。

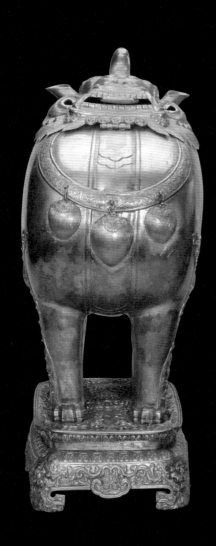

274

白地红彩镂空方香熏

年代　清康熙
收藏单位　故宫博物院

　　香熏是古代熏衣被的器具，也用于室内陈设，调节空气。有金、银、玉、瓷、牙、竹等多种材质，多为镂空雕刻，内贮香料，香气从镂孔中徐徐溢出。清代香熏从清康熙开始，形制多变，品种不断出新。这只为瓷质，呈正方形，由盖、身两部分组成，兽纽兽足，四面均饰饕餮纹。造型规整，气势威严。

275

掐丝珐琅鹌鹑式香熏

年代　清
收藏单位　故宫博物院

　　造型呈鹌鹑式，寓意平安。鹌鹑昂首直立，体态轻盈，身上以不同的珐琅釉表现羽毛。背部有开口，用以放置香料。使用时香烟从鹌鹑口中袅袅升起。

白玉托瓶式香插

年代 清

收藏单位 故宫博物院

　　香插为燃柱香的插具。这只香插用白玉制作，插为瓶式，下连托盘。

铜镀金香盒

年代 清

收藏单位 故宫博物院

　　香盒即盛香料的盒子，要求密闭性较好，以保持香气持久。这只圆盒为铜质镀金，盖与盒体均饰云龙纹，当为皇帝所专用。

（四）照明

(278)

铜路灯

年代　清
收藏单位　故宫博物院

　　紫禁城后宫许多宫殿大门两侧，均设有路灯。
这些路灯为铜质重檐方亭状，固定在近肩高的汉
白玉石座上。过去，铜亭四壁和小门为铜丝网编
成，到晚清普遍换上玻璃，透明、防风效果更佳。每
当日暮时分，便有太监一路走来，依次点燃亭内
的蜡烛，夜间办事的太监就凭借这些路灯照明。若
遇皇帝夜间出行或王公大臣于天明前上朝，另有
太监提灯引路。图为后宫西二长街夜景。

279

画珐琅镶玻璃八方挂灯

年代　清中期
收藏单位　故宫博物院

宫灯即皇宫中的灯，有挂灯、座灯、提灯等多
种形式，且有亭式、鱼式、花篮式、圆式、方式及
多角等多种造型，材质多为珐琅、雕漆、象牙、硬
木镶嵌等。

这只挂灯以铜胎画珐琅为框架，上为僧帽式
顶盖，中为镶嵌彩色玻璃的八方束腰双连式灯
罩，下为束腰台式底座。灯之四角悬垂玻璃珠串
成的璎珞，盖、底下方均垂红色丝穗。整体高大
华美，工艺精湛，颇具皇家气派。

280

掐丝珐琅镶玻璃方形座灯

年代　清
收藏单位　故宫博物院

掐丝珐琅框座，四方形灯罩，方瓶式柱，下
承带栏杆的云头式方形底座。灯罩四面镶玻璃，上
绘双蝶、双喜字，其中一面可开启。这类喜字座
灯为皇帝大婚时的灯具，一般成对摆放在桌案上。

281

画珐琅戳灯

年代　清
收藏单位　故宫博物院

戳灯是一种带长柄、有底座的户外灯具，既可竖立又可扛着行走。

这只画珐琅戳灯为二层楼阁式，屋顶及下层立柱为铜质镀金，其余窗柱、檐背、栏杆均彩绘花卉，两层檐角都有铜镀金风铃。下层四柱间置四方玻璃灯，围以彩色折角栏杆，下承4根彩云曲柱。长柄、底座均为紫檀木制，底座上托海水纹珐琅盘，一条首尾镀金的升龙昂首衔接假山石柱。造型别致，工艺繁复，应为举行活动时所用。

282

粉彩镂空开光花卉纹瓷灯罩

年代　清乾隆
收藏单位　故宫博物院

瓷胎，中空，呈椭圆形，为一件既实用又具观赏性的灯具。器身采用镂雕形式，留有4个椭圆形开光，绘粉彩四季花卉草虫，镂空地上堆塑红色蝙蝠。烛光透过镂空与开光，可在墙壁上投射出精彩的"水墨图"。

283

银龙烛台

年代　清
收藏单位　故宫博物院

烛台是宫中使用最多的灯具，不仅用于室内照明，而且属于佛前五供（佛前供器，由炉一、烛台二、瓶二组成，简称五供）之一。清宫烛台有金、银、玉、珐琅、瓷等多种质地，造型也十分丰富。这对蜡台为银制，呈立龙式，龙爪托举2个蜡烛插筒，龙尾盘曲为足，下承海水江崖纹硬木底座。造型生动别致，属于桌用烛台的一种。

⟨284⟩ 掐丝珐琅海晏河清烛台

年代　清乾隆
收藏单位　故宫博物院

　　铜胎镀金，底座为一掐丝珐琅圆盘。盘内一
龟二蛇盘绕于水波之上，龟背立一展翅海燕。海
燕头顶烛钎，周身白釉，以掐丝作羽纹。这样的
造型寓意河清海晏，天下太平。

285

五彩云龙纹圆蜡

年代　清
收藏单位　故宫博物院

　　宫中照明都使用蜡烛，或置于蜡台上，或插在灯笼中。蜡烛以红色为主，亦有金色及外表为多种颜色的彩蜡。形状则主要为圆形、方形、六棱形等。这支为圆形，施五彩云龙纹，应为皇帝日常所用。

286

五彩"福寿绵长"方蜡

年代　清
收藏单位　故宫博物院

　　方形，施五彩灵芝等图案，四面分别有"福""寿""绵""长"4个红字，当为寿庆时所用。

287

红色"大吉"葫芦式蜡

年代　清
收藏单位　故宫博物院

　　通体红色，呈葫芦状，蜡身亦饰葫芦纹；葫芦两侧，上下均为二龙戏珠造形，中间为"大""吉"二字。蜡烛底部作宝瓶状，顶部蜡捻则形似瓜蒂。造型别致，惟妙惟肖。

（288）

木蜡模

年代　清

收藏单位　故宫博物院

　　宫中日常生活需要大量蜡烛，在宫内制作才能随时满足所需。

　　制蜡模具多为带有各种凹槽的木条，槽内精刻各种图案，组合后分别形成圆形、方柱形、六棱形等中空结构。使用时先将每片蜡模对齐，再用结实的皮线或麻绳捆牢，放入绵纸蜡芯，然后浇入融化的蜡液。待蜡液自然冷却，解开绳子，去掉木模，蜡烛就制作完毕了。

　　如果加工彩蜡，则需先在模具里用各种不同颜色的蜡进行施彩，将凹陷部分填满。浇灌蜡模时，施彩部分受热融化并附于蜡表，带有各种花卉、龙凤等图案的彩蜡也就展现在眼前了。

洋蜡

年代　清末
收藏单位　故宫博物院

　　洋蜡是批量生产的西式蜡烛，圆柱状，每包6
支，有红、白两种颜色。外包装印有灯笼图案和
中英文字标识。中文商标为"僧帽"，另有"特制
点灯笼洋蜡""极品光""明洋蜡""亚细亚"等广告
语。它们是上海英商亚细亚火油公司（The Asiatic
Petroleum Co.Ltd）生产的灯笼蜡，由于纯度较高，点
燃后蜡烟少，故被清宫大量购进。

"爱迪生"牌灯泡

年代　清末
收藏单位　故宫博物院

　　光绪十四年（1888），北洋大臣李鸿章向慈禧
太后进献一套发电设备和电灯，先在颐和园、西
苑试办，并为此设立电灯公所负责维护，这是电
灯进入宫廷之始。光绪三十三年（1907），电灯正
式进入紫禁城，首先安装在慈禧的寝宫宁寿宫。迄
止宣统三年（1911）清帝退位前，各主要宫殿大
都安上了电灯。
　　这只清宫旧藏的灯泡为荷兰菲利普公司产品，卡
口式，金属钨灯丝，玻璃泡上端印有"EDISON"
（爱迪生）商标。

乾清宫明间旧影

年代　清末民初
摄影　佚名
收藏单位　故宫博物院

　　这是清末或民初小朝廷时代的乾清宫明间原
状。从照片上看，室内屋顶正中悬挂着大型吊灯。
此时的宫中照明，已完成了从烛光到电灯的转变。

（五）防寒御暑

292

长春宫凉棚烫样

年代　清晚期
收藏单位　故宫博物院

　　每年立夏，宫中主要院落都要搭盖凉棚，至立秋日撤去。凉棚虽以木架、苇席等捆扎而成，但外观与院内建筑十分谐调，棚顶开有天窗、亮窗，既能遮挡太阳直晒，又可根据阳光强弱随时调节光线。烫样就是施工前按一定比例，在三维空间表现设计意图的纸制建筑模型小样，因制作时需用熨斗烙烫成型，故称。

　　这是紫禁城长春宫的凉棚烫样，各种构件巨细备至，从中可见当年凉棚的具体形制。

293

宫中冰窖

　　每到夏季，宫中普遍使用冰块防暑降温、保鲜食物和冷藏各类祭品。紫禁城内建有半地下式冰窖5座，可贮冰3万余块。每年冬至以后，开始在护城河和三海采冰，每块约一尺五寸见方，运到冰窖码放整齐，封闭窖门，留待夏季使用。图为其中一座冰窖的入口。

294

柏木冰箱

年代 清
收藏单位 故宫博物院

冰箱作为一种重要的祛暑器具，在清宫已被广泛使用。当然，那时的冰箱并不用电，而是使用冬季储存在冰窖中的天然冰块。

这只冰箱为柏木质，外壁嵌铜箍3道，两侧面安铜提环。上有箱盖一对，盖上有4个铜钱纹通气孔，用于箱内空气流通，在保鲜食物的同时，也可以借助里面排出的冷气降低室内温度，起到"空调"的作用。箱内四壁用隔热性较好的铅皮包镶，并设一层格屉。盛夏时节，在格屉下放置冰块，将食品置于屉板之上，保鲜效果极佳。下承柏木座、座面、束腰及鼓腿拱肩处均包镶铜片，造型简洁实用。

295

掐丝珐琅冰箱

年代 清乾隆
收藏单位 故宫博物院

宫里使用的冰箱多以木质材料制成，珐琅冰箱仅此一对。它们大小、形状完全相同，外形呈口大底小的斗状，均为木胎、铅里。盖板为两块，其中一块固定在箱口上，另一块是活板。使用时可将活板取下，先在箱内放入冰块，再将瓜果、饮料等食物镇于冰上。箱体两侧共有4个坚固的双龙戏珠提环，造型别致美观，便于搬运抬放。每件冰箱各配有一红木底座，四角包镶兽面纹饰，座的造型与工艺同样别致、精细，与安放其上的冰箱浑然一体。

各式扇子

年代　清

收藏单位　故宫博物院

　　扇子作为摇动生风的传统纳凉用具，在清宫的使用也相当普遍。宫中用扇以折扇、团扇为主，质地有纸、绢、绸、缎、纱、缂丝等，也有少量竹扇、羽扇、象牙扇及芭蕉扇等。其来源以地方官员进献为主，也有宫中造办处根据皇帝旨意所特制者；除皇家夏季自用外，也用来赏赐王公大臣。

　　宫中用扇材质考究，设计雅致，工艺精致，且能不断推陈出新，蕴含着丰富的历史与艺术价值。尤其是绘有书画的扇子，更因帝王的眷赏而兴盛不衰。

《胤禛行乐图》

年代　清雍正
作者　佚名
收藏单位　故宫博物院

　　以冷漠、多疑著称的雍正皇帝，内心却有着人们难以捕捉的丰富情感。他曾命宫廷画师为自己绘制很多不同扮相的行乐图，身穿各式服装，装扮各种人物，都是宫廷生活中很难呈现的场景。这幅图中描绘的是他倚坐亭中，挥动羽毛扇观赏荷花的形象，除服饰、发式模仿古人外，也透视出皇帝在离宫别院避暑纳凉的场景。

地炕烧火口

地炕排烟口

　　宫中凡设有床铺的房间，一般都在地砖下砌筑循环的烟道，与北方火炕取暖原理相同，故称地炕。其烧火口多位于建筑前檐、后檐或山墙外。平时盖以木板，如同平地；用时掀开木板，下到坑内烧火。排烟口则设在建筑物的台帮处，有的外面采用古币式花漏装饰。地炕取暖，室内既安全又卫生，可以很好地满足取暖需要。设有地炕且被间隔出来的房间，便称作暖阁。

300

纱门帘

年代　清

收藏单位　故宫博物院

　　暖阁屋门均挂门帘，冬季挂棉帘用来保暖，夏季用纱帘以利通风。

　　这件纱门帘为夏季所用，主体部分为沉香色，由松叶、葡萄、云纹、松鼠、蝴蝶、蜜蜂等组成连续花纹。帘的上部接蓝色缎，缝横杆套，内穿用于悬挂的木杆。

301

画珐琅花卉龙凤纹炭盆

年代　清

收藏单位　故宫博物院

　　炭盆即用于烧木炭的火盆，主要以铜、铁等金属材料制作，冬天置于殿内或庭院烧炭取暖。这只画珐琅炭盆为宽板沿，直腹，平底。板沿上下及腹外壁施黄色珐琅釉为地，以红、绿、蓝、粉等色釉绘花卉、龙凤纹。口沿内侧设有一对圆环，便于搬运移动。这样的平底炭盆，使用时还应配备隔热耐火的底座。

302

掐丝珐琅圆形三足熏炉

年代 清
收藏单位 故宫博物院

　　熏炉是由炭盆改进而成的取暖用具，分成上下两部分：下部为炭盆，形制或圆或方，盆口宽沿，有三足或四足；上部为镂空盆罩，多做成花卉图案。熏炉取暖，并非每座宫殿、每个人都能随意使用，而是根据宫内地位、等级之不同来安排多寡和有无。

　　这对掐丝珐琅熏炉为圆形，三足，蓝色地饰以宝相花纹及寿字。

303

黑漆描金缠枝莲纹菊瓣式手炉

年代 清
收藏单位 故宫博物院

　　手炉是一种可以携带的小型炭炉，形状或圆或方，结构分外壳和内胆两层。外壳可根据需要采用漆、铜、珐琅等工艺制作和装饰；内胆为铜制，用于燃炭；口沿上设镂空铜盖，以通风换气和传热。炉中虽装炭火，炉体却不过热。为了方便携带，多设有活动提梁。这件手炉为椭圆形，炉身呈菊瓣状，黑漆地上描金绘缠枝莲纹。漆手炉在宫中并不多见，故十分珍贵。

304

金手炉

年代 清
收藏单位 故宫博物院

　　手炉不仅用于取暖，而且可以欣赏把玩，所以大都十分精致。这只手炉为圆形，炉身呈花瓣状，八成金质，小巧玲珑。故宫博物院收藏的清代手炉，通体以黄金制作的仅此一件。

四

出行

皇帝步舆

年代 清
收藏单位 故宫博物院

　　清代皇帝、后妃等人，在什么场合乘坐什么车轿，都有严格的制度规定，既讲排场又分等级，丝毫不能混乱。大致而言，皇帝常用的车轿有玉辇、金辇、礼舆、步舆和轻步舆。

　　步舆是皇帝日常乘坐的肩舆，用楠木制作，不设轿顶和帷幔。中间为蟠龙雕花宝座，座的四足为虎爪螭头，使用时座前置一黄缎包裹的踏几。座上冬铺紫貂皮，夏用明黄妆缎垫。直辕、抬杆等处均饰有龙纹，皇帝乘坐时由 8 人或 16 人抬行。

皇后轿舆

年代 清
收藏单位 故宫博物院

　　清代后妃轿舆，有凤舆、仪舆、翟舆等。此轿为木质、染明黄色。穹盖，鎏金圆顶，明黄缎垂幔，四隅垂系黄绁，内置朱座。直辕二，漆朱红。从形态看，当为皇后仪舆。

木马车

年代　清

收藏单位　故宫博物院

后妃所乘交通工具除了轿舆外，还有凤车、仪车、翟车等。其装饰虽各有不同，但均为木质、外漆明黄或金黄色。基本形式是顶有拱形盖、两侧各开一窗。直辕二，驾马一匹。此车装饰相对简单，当为宫中使用的轻便马车。

龙凤纹栽绒轿帘毯

年代　清光绪
收藏单位　故宫博物院

　　轿帘即轿舆的门帘。清宫帝后夏天乘凉轿，用缎帘；秋冬乘坐暖轿，用棉帘。由于毛毯结构细密，毯厚绒长，既防风保暖，又美观大方，所以也被用作暖轿的轿帘。

　　这张轿帘毯以棉经、毛纬编织，主体图案为龙凤呈祥，辅以琴棋书画，颇为雅趣。尺寸按照轿子进出口大小编织，上部有"甘肃劝工局恭制"的字样，说明是晚清新政时期该局专门为宫中织造的。或许是出于迎合慈禧太后之故吧，还出现了凤在上、龙在下的图案。

鸠首竹杖

年代　清乾隆
收藏单位　故宫博物院

　　鸠首杖即杖首为鸠鸟的手杖。手杖一般分杖首、杖身和杖镦3个部分。这支手杖杖身为竹质、圆柱形，上端镶嵌一只青玉鸠鸟，下端嵌青玉莲瓣圆件。鸠鸟双翅合拢于背，尾部张开如扇，鸟喙紧闭，双目圆睁，形态富有动感。使用时手心抓住鸠背，拇指与食指恰好握于鸠颈。

　　鸠首杖起源于汉代，属于传统的尊老敬老之物。历史上，人们更以拥有皇帝所赐的鸠杖为荣，将其称为"王杖"。

310

双轮人力车

年代　清末

收藏单位　故宫博物院

　　双轮人力车是近代中国城市的重要交通工具，最早由日本传入，老北京称之为"东洋车"或"洋车"。据记载，北京的第一辆洋车是1874年日本商人赠给慈禧太后的礼物，"车制绝精美。其把手处盘以金龙二，作昂首遐观状。二轮为橡皮所制，轻快流利，得未曾有。一宫监在前曳之，又有一宫监则在后向前而推。太后坐其中，极以为快"。

　　这辆精致的人力车，车身漆成黑色，轮胎为硬橡胶制成，当为日本人所赠。

铁四轮马车

年代　清末
收藏单位　故宫博物院

　　清朝晚期，西方的四轮马车传入中国，渐次在各大城市成为时尚。据记载，宫中的第一辆四轮马车产自上海，是为慈禧太后特别设计制造的，它"特别将驭手台设在车体的左右两侧，两个驭手分别坐在左右两边驾驶，这样也可避免马鞭万一扬到太后头上的不敬之罪"。

　　这辆带有车厢的四轮马车为铁制，采用玻璃门窗和橡胶轮胎，车顶四角垂挂玻璃灯，造型华丽而别致。它是否就是那辆经过特别设计、世界上独一无二的马车，尚需进一步研究。

312

"图利亚"牌汽车

年代　清末
收藏单位　颐和园管理处

这辆古典汽车，系光绪二十八年（1902）慈禧 67 岁寿辰时，直隶总督袁世凯进献的寿礼。车体为黑色、铜车灯、敞开式木质车厢、两轴四轮，后轮略大。车轮、辐条均为木质，实心橡胶轮胎。三排座位，最前排是倒座，中排为司机座位，后排正座较高。由四根立柱支撑的车篷，篷的四周缀有黄色丝穗。造型虽类似于四轮马车，但驱动原理、悬挂结构、转向及传动系统都已与现代汽车十分接近。

该车为美国图利亚公司（DURYEA）产品，是 1896 年采用手工方式制造的 13 辆汽油动力汽车中，幸存至今的唯一一辆。

313

"永和"号小火轮

年代　清末
收藏单位　颐和园管理处

小火轮是 1908 年日本赠送慈禧太后的礼物，由日本政府命令神户川崎造船厂制造，在昆明湖上完成组装。当年 5 月 27 日在颐和园龙王庙前举行献纳仪式，由日本驻华公使与醇亲王载沣共同办理交接手续，慈禧亲自赐名"永和"，意思是两国永远和好。

该船为钢质船壳且带有防锈涂层，船体中央为机器房，安装一台卧式蒸汽机，单烟囱，依靠两舷的一对明轮推进器行进。目前陈放于颐和园西堤外的耕织图景区，除上层舱室无存外，总体保存完好。

314

慈禧御船旧影

光绪二十一年（1895），颐和园在慈禧太后六十大寿前夕修缮完成，此后每年夏季的大部分时间她都在此度过。往返于紫禁城（或西苑）与颐和园之间，她既乘轿走旱路，也坐船走水路。这幅慈禧御船照片系日本摄影师山本赞七郎拍摄，时间约在 1900 至 1906 年之间。

315

西苑铁路旧影

西苑铁路建成于光绪十四年（1888），全长1500 多米，南起中海仪鸾殿近旁的瀛秀园门外，终点设在北海镜清斋。这条铁路上的火车共有 6 节车厢，其中"上等极好车"一节、"上等车"两节、"中等车"两节和"行李车"一节。车厢尺寸比通用的火车车厢要小得多，所以称作小火车。当时慈禧太后以中海仪鸾殿为寝宫，经常偕光绪帝乘小火车到北海镜清斋用膳和休息。

1900 年，西苑遭到八国联军破坏，铁路和火车也遭废弃。这幅照片便是当时联军所拍摄。

医疗篇

皇帝、后妃乃至太监、宫女等患病，均由太医院的太医诊治。

清太医院初设在北京正阳门内东江米巷，今东交民巷西口路北附近，清末移至地安门东侧。太医院的最高医官称院使，副职有左、右院判各1人。属员人数历代增减不一，晚清有御医13人、吏目26人、医士20人、医生30人，通称太医。医术大体分为九科：大方脉科、小方脉科、伤寒科、妇人科、疮疡科、针灸科、眼科、口齿科、正骨科。平日，太医自院使至医士，均按所业专科轮流进宫值班，称作侍直。值班又分"宫直"和"外直"，前者主要为皇帝、后妃们诊病，后者则给太监、宫女等差役看病。为便于侍直，太医院在宫内及各御苑都设有公所。

御药房是宫内专司药品保健的机构，主要负责宫中所需药品的采买、制作及储备。药材主要取自太医院药库，领药时按定例给付银两，或令相关药商采买，由太医院官验视，生药择佳交御药房炮制备用。各地进献的名贵药材，则直接交御药房使用。后因内廷人员众多，一个药房很难满足需求，于是在寿康宫、储秀宫及圆明园等处也设药房，并任命2名内务府大臣分别管理，对外仍统称"御药房"。清朝后期，宫中又为皇太后另设寿药房，故宫博物院至今仍保存着一些刻有"寿药房"字样的银质药具，用以煎药和配制膏、散、丸、丹等药品。寿药房由太监管理，另设大师傅1名，设置药生数名，负责煎药和制作药品。康熙、光绪两朝，西医受到重视，宫中还出现了一定数量的西洋药具和诊疗器具。

太医赴各宫看病称为"请脉",均由御药房太监带领。为皇帝诊病,须先行君臣之礼,由第一位御医跪诊左手,第二位跪诊右手,之后互换,再叩问皇帝自身感觉。诊毕,同内臣一起合药、取药,将药帖联名封记,并详细注明药方的药性、治疗之法,以及开方的具体日期、医官和内监姓名,进呈皇帝阅览。最后,还要登记入册,在年月日之下签名,以备查考。

煎调御药,太医院官与太监一同监视,以两服药合为一服。煎好后分别倒入二碗,一碗由主治医官先尝,再由院判、太监依次饮尝。验证无误,再将另一碗进给皇帝服用。如果配药未按原方,或者药品出现遗漏,都将以"大不敬"论罪。清代晚期,帝后嫔妃们都想延年益寿,因此还热衷于各种食疗。他们没病的时候也会请太医来诊脉,叫做"请平安脉"。诊后,太医们也会开具相应的补药药方。

清代太医,大多堪称医理精通、经验丰富、独具特色的医学专家。他们集中全国资源,使用最优质的药材、最精良的药具,为宫廷提供全方位的医疗保健服务。清宫医学,代表着当时中国医学的最高水平。

一

机构

316

太医院印

年代　清乾隆
收藏单位　故宫博物院

太医院是掌管皇家医疗事务的机构，院址初设在正阳门内东江米巷，清末移至地安门东侧。其最高医官称院使，副职有左、右院判各 1 人，属员御医、吏目、医士、医生等通称太医。太医自院使至医士，均按所业专科轮流进宫值班，称为"侍直"。

"太医院印"为铜铸，柱纽，印面铸满、汉两种文字，印台亦以汉、满两种文字刻"太医院印。礼部造。乾隆十四年正月　日造。乾字一千八百三十一号"款。凡礼部造印，皆有统一编号。

317

御药房

御药房是宫内专司医疗保健的机构，顺治十年（1653）创设，位于乾清宫前日精门南配殿。殿内曾悬康熙帝御题匾额"药房""寿世"及 2 个"福"字，并设有 4 扇楠木神龛，供奉伏羲、神农、黄帝三皇及药王。

"御药房图记"印

年代　清
收藏单位　故宫博物院

　　御药房隶属内务府，管理大臣由皇帝特选，御医则从太医院内医术精湛、品行端正的人员中选拔。御医在进宫前需在太医院供职6年，具有一定的理论基础与实践经验，并经过历时三五年的3试合格者才能入选。有时清宫御医也从各省督抚举荐的名医中挑选。不过，供职御药房的御医地位并算不高，在有清200多年中，最优秀的御医级别也不过七品。

　　铜柱纽"御药房图记"为御药房的印信，印面亦为满汉文合璧形式。

御药房药袋

年代　清
收藏单位　故宫博物院

　　御药房的药材主要取自太医院药库，领药时按定例给付银两，或令相关药商采买，由太医院官验视，生药择佳交御药房炮制备用。各地进献的名贵药材，则直接交御药房使用。这副大药袋原藏于御药房，上面缝有100多个明黄色小袋，并分别以墨书白签标注药物名称，可能是为皇帝出巡时所准备。

"寿药房图记"印

年代　清

收藏单位　故宫博物院

　　宫内人员众多，仅仅一个御药房很难满足需求，于是在寿康宫、储秀宫及圆明园等处也设有药房。寿药房是为皇太后所设，晚清慈禧当政时为其专属药房。"寿药房图记"印为檀香木制，长方柱形，印面呈长方形，盛放于铁皮印盒内。

321

寿药房药柜

年代　清

收藏单位　故宫博物院

　　寿药房位于坤宁宫后西庑，里面设置高大耐用的硬木药柜。每柜设药屉 28 个，每个抽屉内分 3 格，分装各味药材。屉面绘金龙图案，贴黄签标注药名。柜的上层格中，放置人参膏、益寿膏等瓷罐装成药。

二

药物

（一）药材

蟹化石

年代　清
收藏单位　故宫博物院

　　蟹化石为古生代节肢动物石蟹的化石，具有清肝明目、消肿解毒等疗效。蟹化石多残缺不全，这几块则保存较为完整，且使用精美的锦盒盛装。它们形状似蟹，表面光滑，背部呈深棕色，尚存蟹背之纹理。

龙齿

年代　清
收藏单位　故宫博物院

　　龙齿为古代象、犀牛、三趾马等哺乳动物的牙齿化石，主要为犬齿及臼齿，具有镇惊安神和清热除烦之功能。这些化石虽不甚完整，但可明显看出齿状。

324

朱砂

年代　清

收藏单位　故宫博物院

　　木盒装，重469克。朱砂为硫化物类辰砂族矿物辰砂，主要成分是硫化汞，为红色颗粒状或块片状，以颜色鲜红，有光泽而半透明，质脆而无杂质者为佳。多用于清心镇惊、安神解毒、心悸易惊、失眠多梦、癫痫发狂、小儿惊风等症。

325

珍珠粉

年代　清晚期

收藏单位　故宫博物院

　　珍珠磨成的粉末是一种名贵的中药，具有清热解毒、平肝潜阳、镇心安神、止咳化痰、明目止痛、收敛生肌等功效。这瓶珍珠粉当选用上等珍珠研碎而成，以玻璃瓶盛装，历经百余年仍莹白晶亮。据记载，慈禧太后经常用珍珠粉配以米粉、益母草粉，再加适量的香料，涂抹面、颈等部位，以求养颜护肤之效。

326

麝香

年代 清光绪
收藏单位 故宫博物院

　　麝香是开窍醒神之"要药"，为雄性鹿科动物黄囊中的分泌物，获取困难，极为珍贵。此药系三层套装：外层木盒，盖贴墨笔"麝香"黄条，再以黄条封口；中层纸盒，外裱黄印花绸；内层是两个锡盒，亦贴墨笔"麝香"黄条。包装严密，防潮性好，当为御药房所专用。

327

鹿茸片

年代 清
收藏单位 故宫博物院

　　鹿茸历来被视为高档的药品和滋补品。在雄鹿的嫩角尚未长成硬骨时，带茸毛，含血液，叫做鹿茸，将其加工切片即为鹿茸片，具有壮肾阳、补精髓、强筋骨、托疮毒等功用。按照动物的不同，鹿茸可分为花鹿茸和马鹿茸两种。

白花蛇

年代　清
收藏单位　故宫博物院

　　白花蛇为蝰蛇科动物尖吻蝮（五步蛇）幼蛇的干燥全体，捕捉后剖开蛇腹，去除内脏，盘成圆形，烘干备用。这对白花蛇贮存在银盒中，它们头尾齐全，花纹明显，为同类药材之佳者。此药具有毒性，主要功能为祛风湿，定惊搐，主治风湿瘫痪、麻风、疥癣，对于小儿惊风、破伤风亦有疗效。

石羊胆

年代　清
收藏单位　故宫博物院

　　石羊即岩羊，介乎山羊和绵羊之间，多生活在高山上。其胆干之，用酒冲服，可治疗肝厥暴绝。这盒石羊胆共 2 只，系广东官员的贡品。

山羊血

年代　清
收藏单位　故宫博物院

　　亦称青羊血，为牛科动物青羊的血液干块。主
要功能为活血、散瘀、止血，用于跌打损伤，筋
骨疼痛，及吐血、便血等症。

山羊宝

年代　清
收藏单位　故宫博物院

　　在清宫遗留的药材中，有一类稀有而珍贵的动
物的"宝"，如山羊宝、鹿宝、猴宝、狮子宝、狗宝、马
宝、蜘蛛宝等。它们都是动物体内胃、肾、胆囊、
肝管、膀胱等部位的结石，属于动物病变的产物，
得之不易，但药用价值很高。如狗宝，可治疗痈
疮、噎嗝等症。图为山羊宝。

牛黄

年代　清

收藏单位　故宫博物院

　　牛黄即牛的胆囊（或胆管）结石，又称西黄、犀黄、丑宝，在各类动物的宝中药用价值最高，但并不以"牛宝"的名字出现。牛黄性凉，气清香，味微苦，完整者多呈卵形，质轻，表面金黄至黄褐色，细腻而有光泽。可用于解热、解毒、定惊。内服治高热神志昏迷、癫狂、小儿惊风、抽搐等症；外用治咽喉肿痛、口疮痈肿、疔毒症。天然牛黄形成率较低，自古以来都价比黄金，十分珍贵。

藏红花

年代　清光绪

收藏单位　故宫博物院

　　藏红花产于尼泊尔和我国西藏等地，有活血化瘀之疗效。

　　这些藏红花为套装：外层为银制錾花盖碗，腹饰镀金八宝纹，盖中间饰团寿字。碗内衬有黄绸棉垫，套装一桦木药碗；药碗内有一黄绸包裹的玻璃小瓶，内装藏红花。小瓶系一黄条："班禅额尔德尼恭祝慈禧端佑康颐昭豫庄诚寿恭钦献崇熙皇太后六旬万寿。呈进杂木杂雅碗一个，连银盒内藏红花。"可知这是慈禧六十大寿时九世班禅所进献。银碗盖上亦贴一黄条："光绪二十三年六月二十八日，喜禄交下藏红花，连银碗木碗共重十五两。"

334

母丁香

年代　清光绪
收藏单位　故宫博物院

　　装于八角形玳瑁盒中，盒与盖均为整块玳瑁雕刻而成，没有进行任何拼接。盒盖贴一黄条："母丁香二斤四两。"玳瑁是产于我国沿海地区的一种龟类，甲壳角质坚硬，纹饰自然天成。母丁香是一种名贵药材，原产于东南亚和非洲，具有温中散寒、理气止痛之功效，故采用如此考究的器具盛装。

335

朱茯苓

年代　清
收藏单位　故宫博物院

　　茯苓是寄生在松树根上的菌类植物，外皮为黑褐色，里面呈白色或粉红色。茯苓的功效非常广泛，不分四季，与各种药物搭配，不管寒、温、风、湿诸疾，都能发挥其独特功效，故被古人称为"四时神药"。在配方时，用茯苓沾上朱砂就是朱茯苓，可以增强茯苓的安神效用，适用于惊悸、烦躁、失眠等病症。

336

佛手参

年代　清

收藏单位　故宫博物院

　　佛手参又名手掌参或掌参，为兰科植物手参的块茎，干燥形如手掌，呈指状分裂，表面皱缩，淡黄色，断面为白色，有胶质。佛手参为多年生草本，因生长缓慢而显得十分珍贵，尤以青藏高原所产为佳，为疏肝理气、和中化痰之良药。

337

鸡爪黄连

年代　清

收藏单位　故宫博物院

　　黄连属毛茛科多年生常绿草本植物，其地下根茎向上分枝，逐年生长呈鸡爪状，故又称为鸡爪黄连。干燥后表面呈灰黄色，粗糙、质硬，断面呈放射状排列。黄连大苦大寒，具有清热燥湿之特效。

338

三七

年代　清

收藏单位　故宫博物院

　　三七又名田七，属五加科多年生草本植物，一般生长3至7年挖采，每株长3个叶柄，每个叶柄生7个叶片，故名三七。其茎、叶、花均可入药。自古以来，它就有"止血神药"的美称，著名的云南白药即以三七为主要原料制成。

（二）成药

339

虎骨胶

年代　清
收藏单位　故宫博物院

　　虎骨是我国名贵珍稀动物药材之一，具有固肾益精、强筋健骨、益智延年、舒筋活血、疏通血脉等功效。虎骨胶即用虎骨熬制而成的胶状物，大致做法是将虎骨锯成小段，置于锅内加水煎熬，然后滤去残渣，取得清液煎熬浓缩，至水分蒸发殆尽，倾入胶模中，冷凝后切成小方块备用。

340

贡阿胶

年代　清
收藏单位　故宫博物院

　　阿胶为传统的滋补、补血上品，以驴皮为主要原料制成，原产山东省古东阿县（今阳谷县阿城镇古阿井）。这盒阿胶为地方官员的贡品、表面呈黑褐色，半透明，有光泽、品质极佳。

341

人参枇杷膏

年代　清光绪

收藏单位　故宫博物院

　　枇杷叶加人参熬制的膏状物，盛装于瓷瓶中。枇杷原产于我国东南部，于深秋至初冬开花，春夏之际果实成熟，可谓"集四时之气"。相对于果实而言，枇杷叶更具药用价值，可以清肺热、降胃气，对烦躁、口渴也有助益。但枇杷属性平中带凉，与人参一起入药，在止咳润肺的同时，还可以起到滋补作用。

342

益正疏风活络膏

年代　清光绪

收藏单位　故宫博物院

　　盛装在带金属环的瓷罐中，罐有磕损、盖上贴有红、黄条各一。此药具有疏风活络、散寒祛湿之功能。

343

黄连羊肝丸

年代　清光绪
收藏单位　故宫博物院

　　以黄连、鲜羊肝等为主要成分的黑褐色蜜丸，盛装在青花药罐中。此药具有泻火明目之功能。

344

金黄散

年代　清光绪
收藏单位　故宫博物院

　　主要成分为黄连、大黄、黄芩、甘草、龙脑等，共为细末，盛装于玻璃瓶中。此为清热解毒、消肿止痛之良药，主要用于热毒瘀滞肌肤所致疮疖肿痛，亦可治疗跌打损伤。

345

回生再造丸

年代　清光绪
收藏单位　故宫博物院

346

"再造丸"仿单

年代　清光绪
收藏单位　故宫博物院

　　再造丸是北京同仁堂的王牌药物之一，对于风痰类病症所致中风瘫痪、半身不遂具有独特功效。"医风痰、治瘫痪，起死回生之力，故立名功同再造。"这是清末同仁堂药铺供奉的御药之一，蜡丸上印有"回生""再造"红色戳记。

　　仿单即药品说明书，同时具有广告作用。内容主要有两个方面：一是药铺信息，包括历史、地址、经营范围、特色药品等；二是具体药品说明，包括性质、功效、用法等。清宫遗留的同仁堂药物仿单多达数百种，其对应的药物都曾作为"御药"供奉。这是其中的"再造丸"仿单，目前仍同上述药丸一同存放。

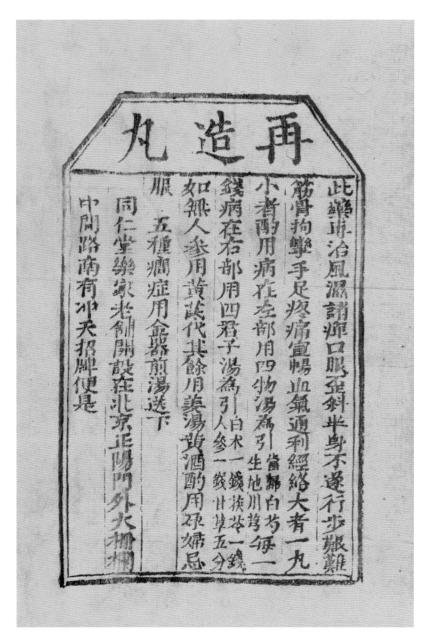

347

同仁堂配方治方

年代 清光绪
收藏单位 故宫博物院

同仁堂以选料上乘、配方独特、炮制讲究、药味齐全著称于世，自雍正年间开始，就为宫中供奉御药。《同仁堂配方治方》为光绪十七年（1891）呈进，1册，计11开半，列举了风痰、补益、痰嗽等16门丸散膏丹的配方与治方，悉数开列了当时同仁堂的425种方剂。

348

银四连药瓶

年代 清光绪
收藏单位 故宫博物院

四银瓶分别镌刻"如意丹""平安散""卧龙丹"和"红灵丹"。这4种丹散均为成药，当属出行时的常备之药。药瓶设计巧妙，便于携带。盖与瓶口为螺旋式，结合紧密，避免瓶内药物外溢。盖内还焊接小匙，取药十分方便。银有遇毒变色之特性，故清宫药具多选银质。

349

八宝太乙紫金锭

年代　清

收藏单位　故宫博物院

　　原名太乙紫金丹、玉枢丹，具有解毒辟秽化浊、活血散结消肿、清热安神开窍等功效，为清代宫廷中重要急救成药之一，应用范围较广。它由山慈菇、五信子、千金子霜、红芽大戟、麝香、朱砂、雄黄等调配，将药物研成细粉，添加适当的黏合剂制成规定的形状。相对于丸、散、膏、丹等剂型的药物而言，紫金锭这种宫中特色药品今天几乎已经绝迹。

350

狗皮膏药

年代　清光绪

收藏单位　故宫博物院

　　膏药是中医外用药的一种，用植物油或动物油加药物熬成胶状，摊在布、绸、纸、皮等材料上使用。它在常温下呈固体状态，使用时加热至微溶，贴敷在病灶处。其特点是疗效迅速、适应症广、使用安全，对于某些病症如疮疖、风湿等，疗效尤为显著。这贴狗皮膏药称"一贴膏"，为清末北京鹤龄堂药铺的产品。

"一贴膏"仿单

年代　清光绪
收藏单位　故宫博物院

　　膏药是利用药力直透人体经络而收到疗效，针对不同病症，贴敷部位有一定之规。为方便患者使用，"一贴膏"附有一张穴位图，标注人体正面、背面主要穴位，并配有比较详细的文字说明。

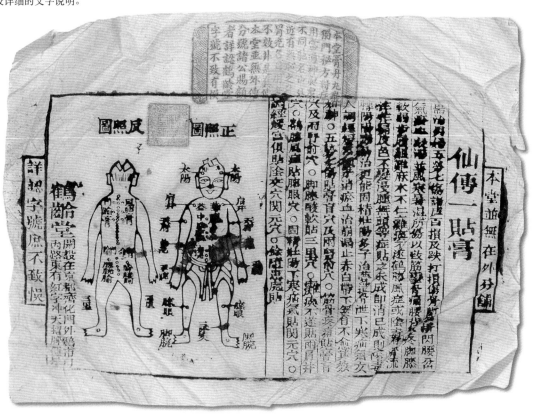

膏药纸样

年代　清光绪
收藏单位　故宫博物院

　　宫中所用膏药，除极个别出自民间药铺外，多数为御药房自行熬制。故宫博物院仍保存一些当年的膏药材料，包括尚未剪裁的大块狗皮、剪成圆形、椭圆形的绸布等。这是不同型号的膏药纸样，上面有"上用长元（圆）膏药""四月初五日样子"等字样，并标明长宽尺寸。

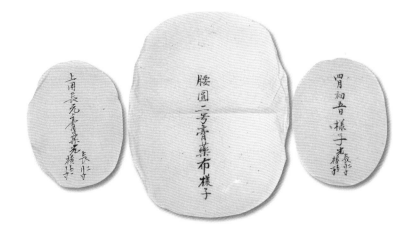

西洋药露

年代　清

收藏单位　故宫博物院

　　宫中贮藏的药物中，还有不少西方的"舶来品"。其中，数量最多当属各种药露，包括巴尔撒末油、薄荷油、檀香油、丁香油、多尔门的那油、水安息油、琥珀油、冰片油等。其名称，有的是从西文音译而来。这些油剂除药用外，有的还用于配香或用作食品调味剂，但都统一收储在御药房中。

美国头痛药膏

年代　清光绪

收藏单位　故宫博物院

　　光绪三十年（1904）前后，光绪帝常常头疼、头晕，为此御医曾多方医治，配药内服、外洗，甚至在太阳穴上贴敷膏药。直隶总督袁世凯也进献过多种药物，其中包括美国治头痛的药膏7盒，目前故宫博物院仍存留3盒。药盒上贴黄签：光绪三十四年十月十八日。

三

器具

（一）药具

355

银铡刀

年代　清光绪
收藏单位　故宫博物院

铡刀是切割药材的专用工具，由刀体、刀架和刀柄组成，一般用于切割木本及动物骨骼、鱼胶、角类等比较坚硬的药物。这只铡刀为银制，当系专门切割软质药物之用。

356

铜药筛

年代　清
收藏单位　故宫博物院

药筛是过滤药材的专用工具。这只药筛为铜制，带双耳，筛网细密。

357

戥子

年代　清
收藏单位　故宫博物院

　　戥子即小型杆秤，系专门用来称量金银、贵重药品和香料的精密衡器，亦由秤杆、秤砣和秤盘组成。中药调剂讲究"三分辨、七分量"，只有称量准确才能发挥最大药效。这副戥子为御药房所用，做工精细，技艺独特，采用当时通行的16两进位制。

358

铜杵臼

年代　清光绪
收藏单位　故宫博物院

　　杵臼即捣药罐，一般有石、铜两种质地，由药钵和药杵配套使用，用以舂捣质地坚硬的药材。这套为铜制，制作于光绪二十七年。

359

白地青花研药钵

年代 清

收藏单位 故宫博物院

　　研药用具，造型与捣药所用的杵臼相同，一般用于将药物研磨成较细的粉末。此研药钵为瓷质、内壁粗糙无釉；研杵为木柄，瓷锤。

360

丸药模子

年代 清

收藏单位 故宫博物院

　　宫中用药以自制为主，成药的规格不能随意而为。这是制作圆形丸药的木模子。

361

三足带盖砂药锅

年代　清

收藏单位　故宫博物院

　　煎煮中药，宫中也使用价格低廉的砂锅。这种药具传热缓慢，煎药时水分不易蒸发，能够使药物成分有效溶解。而且，其主要成分是硅酸盐、化学性质稳定，不易与药物成分发生化学反应。

362

银人参药铫

年代　清

收藏单位　故宫博物院

　　药铫即药锅，形状似壶，口大有盖，旁有手柄。人参铫，则是专门用于熬煮人参的用具。银器在清宫药具中占很大比例，因为它具有化学成分稳定、不易和药物成分发生化学反应的特性。此外还有一个重要原因，就是沿用传统的看法——银器可以试毒。

363

银漏斗

年代 清
收藏单位 故宫博物院

灌药用具，用于将药液灌入小口容器。

364

银提梁壶

年代 清
收藏单位 故宫博物院

盛药用具，底部有"御药房"款。

365

银药盒

年代 清
收藏单位 故宫博物院

盛药用具，银制、圆形，盒面阴刻寿字图案。

366

银药碗

年代　清
收藏单位　故宫博物院

盛药用具，底部有"御药房"款。

367

银药匙

年代　清
收藏单位　故宫博物院

饮药用具，底部有"御药房"款。

368

银喷壶

年代　清光绪
收藏单位　故宫博物院

清宫药具的来源，多为宫中相关机构制作和从民间定做、购买。庚子事变后，慈禧太后与光绪帝西逃。他们避居西安时，曾在当地制作一批药具，返京后也被带回宫中。这件银喷壶圈足外侧，刻有"光绪辛丑年西安省造，重十一两八钱一分"，可知为光绪二十七年（1901）西安造药具之一。

369 银煎药记名牌

年代　清光绪
收藏单位　故宫博物院

　　宫中人员众多，难免多人同时生病服药。为了避免差错，保证用药安全，煎药时采用记名制。煎药记名牌有银质和骨质两种，均为长方形、一端有孔，可系绳拴在药具上。牌上书写患者名号及所煎药剂名称，用完后把牌擦拭干净，以备下次再用。银质记名牌同时还具有"试毒牌"的作用，将其放在药内试一下，观察是否有毒。

　　这枚记名牌刻有"珍妃"2字，字迹模糊不清，当为光绪帝的珍妃所用。

370 硬木药柜

年代　清
收藏单位　故宫博物院

　　御药房为皇帝出行时准备的便携式药柜。整体呈十边形，能够灵活转动。从上到下共10层，每层10个抽屉，共有抽屉100个，可盛放药材100种。其中，90个抽屉上用金漆书写药名与药性。

银制药器具

年代　清康熙
收藏单位　故宫博物院

　　康熙年间，中西文化交流盛极一时，西医医学也传入宫中。康熙帝不仅让供奉宫中的传教士医生诊视疾病，还对相关的西药进行仿制。这是当时制作西药的用具，银质，一套20余件，分装于2层木盒。计有：漏斗4件、药铲2把、长铲刀1件、勾3件、叉子1把、药匙7件、拈子3件。

铜蒸馏器

年代　清
收藏单位　故宫博物院

　　铜质，掀开玻璃罩，内有小网，可往下注水。底部用酒精碗加热，产生水蒸气，冷却后流入下面的小筒。打开龙头，即可放出纯净的蒸馏水。

（二）诊疗

373

银蒸熏器

年代　清

收藏单位　故宫博物院

　　蒸熏器是利用药物水蒸气进行蒸熏治病的器具。这件蒸熏器为银制，主要用于医治鼻、咽和口腔疾病。它由3个部件组成：底部为碗形，中间为覆盖形，上为弯曲的出气管。根据治疗部位的不同，有数根长短不一的出气管可供更换。

374

银熏眼药锅

年代　清

收藏单位　故宫博物院

　　治疗眼病的器具，由上下两部分组成：下部为银锅，用于盛装药液；上部以楠木制成，中空，内镶银皮。使用时将熬制好的药液趁热倒入锅中，套住上半部分，将眼睛对着橄榄形出气口熏蒸。熏蒸需时断时续，不能持续进行，否则会灼伤眼睛。熏到无蒸汽时，可以用事先浸煮过的清洁蚕丝，蘸着微热药液清洗擦拭患眼。

375

艾条

年代　清
收藏单位　故宫博物院

　　针灸是中国特有的治疗疾病的方法，包括针
刺和火灸两种手段。针刺是利用不同的针具，刺
激人体的特定穴位，从而激发经络之气，达到调
理身体机能的目的；火灸是使用艾绒等药物烧灼
或熏熨穴位，通过热刺激的方法扶正祛邪，从而
预防和治疗疾病。二者同属于中医外治法，通常
配合使用。图为宫中使用的艾条。

376

针灸铜人

年代　清光绪
收藏单位　故宫博物院

　　针灸铜人即刻有穴名的人体铜像，最早出现于
北宋，曾在中国古代针灸教育中发挥重要作用。清
代太医院也曾设有针灸科，后因针灸需直接触及
帝后肌肤，有碍礼制，故遭废止。院内收藏的一
尊明嘉靖年间制作的铜人，则被当作"铜神"供奉
起来。光绪二十六年（1900）八国联军入侵北京，"铜
神"遭到劫掠。这尊铜人系清末新建太医院时所
复制，其周身共标注经络穴位360多个，均嵌以
金丝楷书标名。

377

玛瑙按摩器

年代　清

收藏单位　故宫博物院

　　按摩器是人体保健器具之一，它通过对身体某些穴位的滚动刺激，达到舒筋活血、防病治病的作用。宫中按摩器的形式，一般为手柄前端安装一个或一排滚珠，使用时握住手柄前后移动，通过滚珠进行按摩。这件按摩器为单滚珠形式，手柄、滚珠均以玛瑙制成，二者之间由银镀金委角的支架衔接。形制小巧，使用灵便。

378

震荡式按摩器

年代　20 世纪初

收藏单位　故宫博物院

　　这种按摩器的形制与使用方法，同清宫传统按摩器存在较大差异。其一端安装一个小圆盘，器身附有摇把。使用时握住托柄，将圆盘对准身体的某一部位，然后转动摇把产生震动，从而达到按摩目的。

379

揉手核桃

年代 清
收藏单位 故宫博物院

　　核桃的优点是冬不凉、夏不燥，一对核桃在手中来回揉动，既可锻炼手的灵活性，又能刺激手上的诸多穴位，起到通经脉、养脏腑、调虚实、定气血的保健功能。故宫博物院至今仍保存有十余对清宫遗存的"揉手核桃"。它们均呈棕红色，外表滑腻剔亮，显然经过长期揉搓。这对核桃存放在雕有吉祥图案的紫檀木盒中，内衬蓝绫。盒中的两个孔洞，恰好嵌放两枚核桃。

380

眼科手术器械

年代 20世纪初
收藏单位 故宫博物院

　　这套器械为不锈钢质，分装于双层木盒中。计有眼科手术用具24件：镊子3把、勾圈1件、撑子1件、剪子1把、化学压板1块、刀10把、板勾2件、勾2件、探针3支，并附玻璃圆盒2个、缝合针6枚。盒盖内有一墨牌，上有"W. SHINODA & CO. TOKYO. JAPAN. 日本·东京篠田和助器械店制作"款。

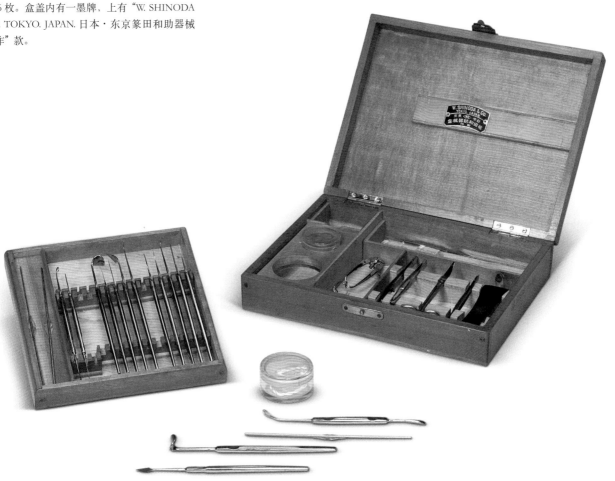

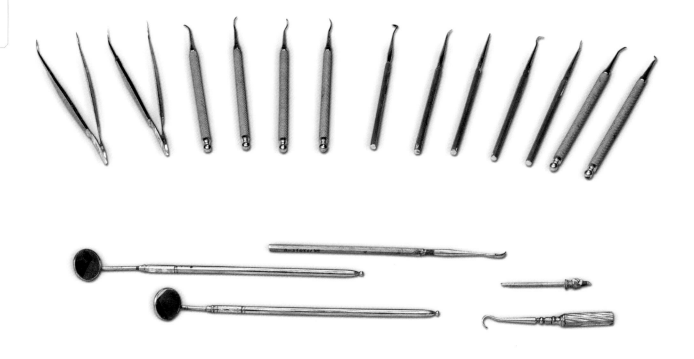

(381)

牙科用具

年代　20 世纪初

收藏单位　故宫博物院

　　全套器具为金属镀铬质，共 18 件：反光镜 2
件、镊子 2 把、勾刀 8 把、刷子 1 把、勾 1 件、刀 1 把、
针 3 枚。有的用具下端带有滚花，以免医生使用时
手握不稳，造成不必要的失误。

显微镜

年代 19 世纪末至 20 世纪初
收藏单位 故宫博物院

　　显微镜是人类的伟大发明之一，最早出现
于 16 世纪末期的荷兰，并逐渐在医学领域得到
广泛应用。这件显微镜为美国制造，时代相对较
晚，金属镜体，外饰黑漆，上有标识"SPENCER
LENSCO BUFFALON.Y.47929 16MMNA·O25
USA"。

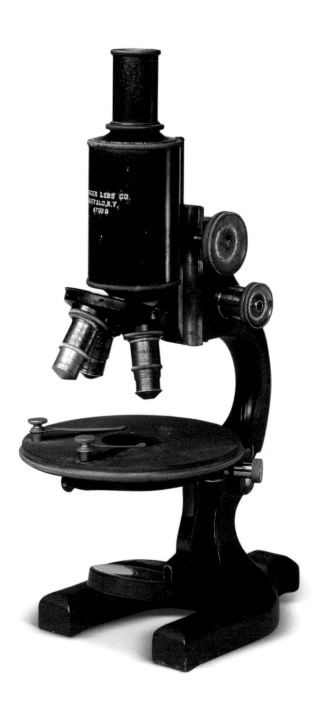

383

血压计

年代　19 世纪末至 20 世纪初
收藏单位　故宫博物院

　　血压计出现于19世纪中叶，工作原理是根据水银所受压力测量人体血压，后经不断改进，亦可记录心脏搏动。这副血压计表盘刻度为0至350度，并配有橡皮管止血带1条。压气包为锡质，外文标识"FEMINA BREVETE ENTOUS PAYS DEPOSEO"。

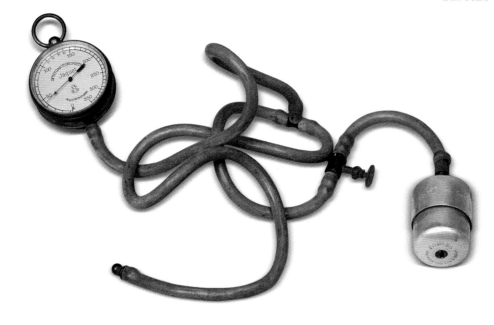

384

体温计

年代　19 世纪末
收藏单位　故宫博物院

　　体温计是量测人体温度用的仪器，最早为伽利略于 16 世纪时发明，到 19 世纪中叶出现了使用方便、性能可靠的水银体温计。这件体温计为日本制造，其中 37 度标注为红色，与现代体温计一致。配有驼色鱼子纹纸盒，内为绿色绒布。

男性人体解剖模型

年代　清末
收藏单位　故宫博物院

　　人体解剖模型为西医教学用具，故宫博物院共收藏5套，分别为男女人体模型、妊娠模型、子宫外孕模型和眼球模型。它们均为纸胎，制作方法一致，除眼球模型外，均以彩漆描绘肌肉组织和血管。模型上标注"上海棋盘街，商务印书馆有限公司，教育用品制造所"，当为清末普及新式教育的产物。

　　这件模型为男性，身体左半部无皮肤，显示血管与肌肉组织。双臂可拆卸。上身可打开，且可侧剖，内有分体脏器7件。头部侧剖，可取出脑组织。

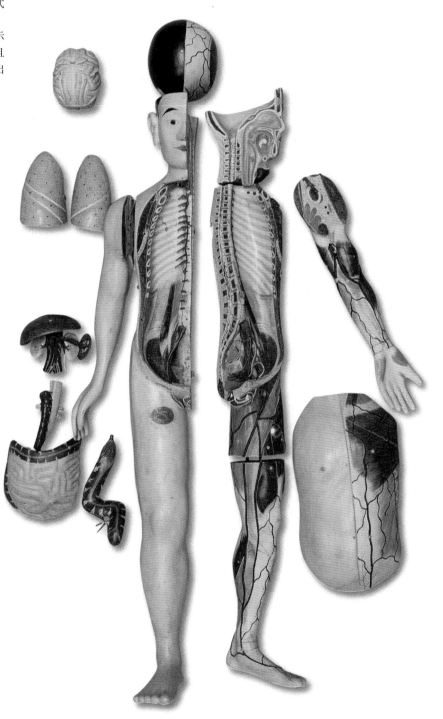

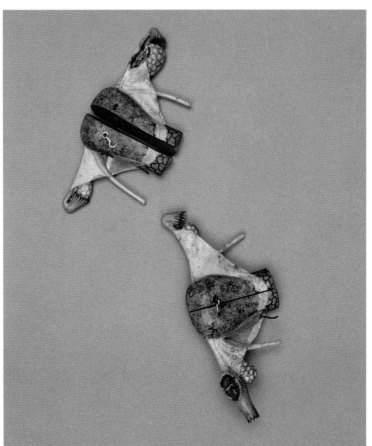

 386

妊娠模型

年代　清末
收藏单位　故宫博物院

一套 6 件，其中 4 件子宫两侧带卵巢。模型从小到大，展示胎儿在母体内的孕育过程。胎儿均呈粉红色，最小者约 3 个月左右，最大者当为出生前的状态。

 387

子宫外孕模型

年代　清末
收藏单位　故宫博物院

共两件，分别表现胚胎在左右两侧卵巢内异位状况。

四

医书医方

388

慈禧太后、光绪帝等"进药底簿"

年代　清光绪
收藏单位　故宫博物院

　　太医院医官或其他应召医生进宫诊疾，诊疗事宜如诊治日期、医生姓名、患者脉症、处方用药等，均须一一登记入簿，以备查考，称作"底簿"。有的设有单独的底簿，如《皇上进药底簿》《老佛爷进药底簿》《皇后进药底簿》等；有的则多人合设一簿，如《主子等位用药底簿》。

389

惇妃、丽皇贵妃"用药底簿"

年代　清乾隆、清同治
收藏单位　故宫博物院

　　这是两册单独的用药底簿，分别为乾隆四十二年（1777）惇妃、同治元年（1862）丽皇贵妃的诊疗记录。惇妃为乾隆帝之妃，卒于嘉庆十一年（1806）；丽皇贵妃即咸丰帝之丽妃，清同治尊为丽皇贵妃，清光绪复尊为丽皇贵太妃，卒于光绪十六年（1890）。

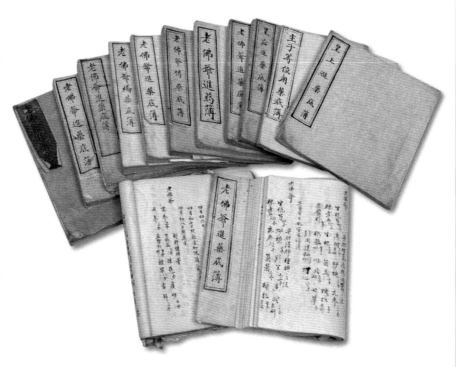

390

《万岁爷天花喜进药用药底簿》

年代 清同治
收藏单位 中国第一历史档案馆

同治十三年（1874）十月三十日，同治帝罹患重病，御医诊断为天花。一个月后，其病情已无法控制，身体多处痈毒发作，神志恍惚，奄奄一息。十二月初五日，他在养心殿东暖阁气绝身亡，年19岁。这是同治帝病亡当日，御医所作的脉象与用药处方记录。

391

《传药底账》

年代 清光绪
收藏单位 故宫博物院

宫中所需药材主要取自太医院，再由御药房炮制。此外，还有官员进献、同仁堂供奉等途径，基本能够保障宫廷之需。但有的药物难免出现短缺，为此则须从宫外购买，以解燃眉之急。外买药物的相关情况，就记录于《传药底账》等账簿中。

392

《上传太医院记事簿》

年代　清光绪
收藏单位　故宫博物院

　　太医院医生主要服务于宫廷，但宫外王公、公主及文武大臣有疾，也可延请太医诊治。届时太医院奉旨派人员前往，并将治疗经过具本回奏。患者有所酬谢，也须奏明皇帝收受与否，然后遵旨而行。这是光绪十九年（1893）的《上传太医院记事簿》，详细记录了当年太医的出诊情况。

393

《上传交存外赏底簿》

年代　清光绪
收藏单位　故宫博物院

　　清宫药物品质优良，制作考究，历来为外界所珍视。王公大臣等患病，皇帝经常赏赐各类药品，以通上下之情。为此御药房特立《上传交存外赏底簿》等档簿，将相关的赏赐情况记录入册。

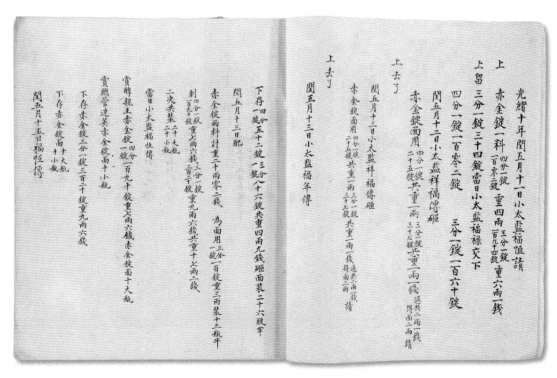

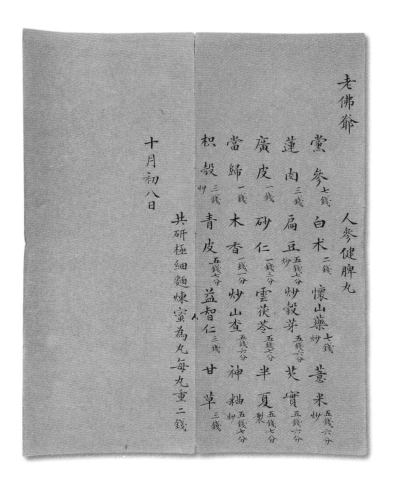

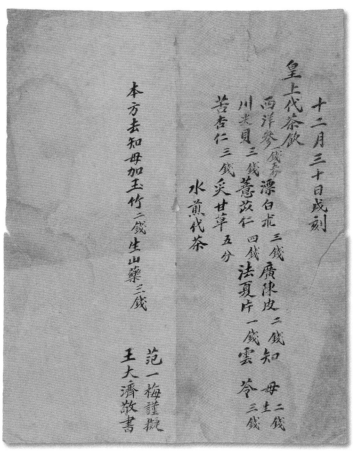

394

老佛爷药方

年代　清光绪

收藏单位　故宫博物院

　　清宫药方以慈禧太后和光绪帝为多，它们大都出自名医之手，或由大臣使用奏效后，进荐宫中试用之良方。这些"大内秘方"是宫中诊疗用药的原始记录，通常誊写在黄笺纸上，字迹工整且有相对固定的格式，用药、治法尤具特色。现存慈禧太后的药方，不少都属于老年人常见病的调理之方。图为御医为她开出的"人参健脾丸"配方。

395

皇上药方

年代　清光绪

收藏单位　故宫博物院

　　光绪帝所用药方，多为治疗亏损之剂。这是御医范一梅为他配制的"代茶饮"。

396

"伤寒门"药方

年代　清

收藏单位　故宫博物院

治疗各种常见病症，则有相对固定的药方。如风痰门、痰嗽门、燥火门、痰症门、伤寒门、暑湿门、脾胃门、泻痢门、补益门、眼科门、儿科门等各门类下均有若干种丸、散、膏、丹的配方。它们凝聚着御医的智慧，反映了宫廷医学的发展水平。这是现存的 17 张"伤寒门"药方之一。

397

"小儿科"药方

年代　清

收藏单位　故宫博物院

治疗儿科常见病的药方，现存 1 包 46 张，此图即其中之一。

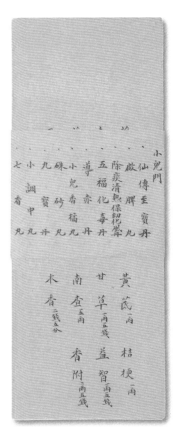

398

满文《西洋药书》

年代　清康熙
作者　［法］白晋、张诚
收藏单位　故宫博物院

　　康熙时期，西方医学通过西方传教士传入中国。先是，传教士洪若翰等用西药金鸡纳霜（奎宁）治愈了康熙帝身患多年的疟疾，此后康熙帝便以传教士为御医并制作西药，由此宫中开始出现了西洋药具和诊疗用具。康熙帝还命人翻译了一些西方医学著作，图为法国传教士白晋、张诚以满文撰写的《西洋药书》。该书不仅系统介绍了金鸡纳霜等 40 余种西药，而且论述了一些具体病症的治疗方法，属于中国最早介绍西医的典籍之一。

满文《钦定骼体全录》插图

年代　清康熙
作者　[法] 巴多明
收藏单位　巴黎自然史博物馆

　　康熙帝是位勤奋好学的皇帝。满文《钦定骼体全录》是他在学习、了解西方医学解剖学知识后，命法国传教士巴多明译著的一部解剖学专著，为西方医学解剖学正式引进中国之嚆矢。该书手稿本共8册，黄丝书衣，全部以工整的满文书写，书中配有相应的人体解剖图。图为该书之一页。

400

杨琳等奏派差伴送法国医生等进京折

年代　清康熙
收藏单位　中国第一历史档案馆

　　康熙帝热衷于西方医学，晚年仍不断吸引身怀医术的外国人来华。这是康熙五十八年（1719），两广总督杨琳、广东巡抚杨宗仁请求将法国外科医师安泰文等，从广州护送进京的奏折。折上有康熙帝朱批。

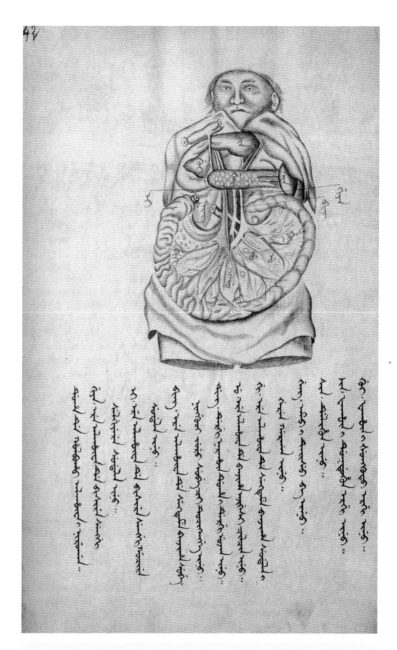

二人都到了外科故然好會法瑯者不及大內
所造還可以學得

闌謹
奏

法蘭西行醫外科一名安泰文會法瑯技
藝一名陳忠信擬稱在舡日久必稍歇息
方可赴京奴才帶業經會招具
奏在案今安泰陳忠信二人於六月十八日
目廣州起程奴才寺公同差人伴送合再
奏

兩廣總督奴才楊　琳
兩廣撫撫奴才楊宗仁　為奏
閒伴送西洋人來京事本年五月十二日到有

康熙伍拾捌年陸月拾捌日奴才楊　琳

宫俗篇

相对民俗而言，宫中习俗也可称为"宫俗"。

清代宫中习俗，涉及宫廷生活的方方面面，内容很难进行明确界定，这里仅概括为以下两类：一是人生大事习俗，包括生育、寿庆、婚丧等；二是岁时习俗，即年节与四时节令。这些方面既有对明代乃至更远习俗的继承，又保持了满洲入关前的许多特色。传统习俗披上精致的外衣，就被赋予了无上高贵的色彩，形成独具特色的宫廷文化。

同寻常百姓一样，皇帝也祈望多子多孙，人丁兴旺。紫禁城东西六宫的4个街门——螽斯门、麟趾门、千婴门和百子门，就是强调后妃要多为皇家生育子嗣。宫中生儿育女，讲究颇多。后妃从怀孕开始，就建立"遇喜档"，《宫中现行则例》中对"遇喜"待遇等方面均有详细规定。临产时要刨喜炕、念喜歌……婴儿出生后，又有所谓洗三、升摇车、小满月、满月、百禄、周岁等等，皆举行相关仪式。皇子不满6岁就开始读书，接受严格、全面的训练。因此，清朝皇子大都精通经史、策论、诗词歌赋与书画等，同时善于骑射。

清宫寿庆活动，按照主人身份、地位不同，等级差别十分明显。太后、皇帝寿辰称作万寿，皇后寿辰称作千秋，皆依规制举行隆重庆典。皇帝万寿还与元旦、冬至并列为国家三大节，可谓举国同庆。而常在、答应生辰，只有身边的宫女、太监为其行礼。

宫中婚丧，礼仪程式更为繁缛，具体内容参阅本丛书"礼仪卷"。

清宫节令习俗，名目繁多，一年四季随时令变化，各类活动不胜枚举。

其中内容最为丰富的节令当属过年。一进入腊月，皇宫上下就忙碌起来：腊月初一"开笔书福"，初八"施粥"，二十左右"封笔"，二十三"祭灶"，二十四"始放爆竹""上灯"，二十六贴"春联"、"门神"、挂千、挂"宫训图"，二十八或二十九举行"太庙祫祭"，之后就是过除夕。到了正月，从初一"开笔"直至十五"观灯""放烟火"，新年活动才在高潮中结束。年俗中许多内容是满汉融合的结果。

其他节令，宫中也有与民间类似的习俗。如端午吃粽子、七夕祭牛郎织女、中秋拜月、重阳登高……宫中还盛行节令画，大凡比较重要的节令，均有相应题材的绘画相配合，如元旦有"岁朝图"、上元有"元宵图"、端午有"午瑞图"，冬至有"九九消寒图"等等，不一而足。

清代宫俗与民俗虽有不同，满俗与汉俗也稍有差异，但它们却存在不可分割的联系。一方面，清宫习俗很多都与汉地古俗有关，具有明显的继承性。另一方面，满洲入关前的风俗不仅相对简单，而且还潜移默化地受到汉族传统习俗的影响，实现着中华各民族文化的相互融合。

一

岁时节令

（一）春

401

金瓯永固杯

年代　清乾隆
收藏单位　故宫博物院

　　金质，鼎式，圆形，直口。口沿錾回纹一周，一面中部錾篆书"金瓯永固"，一面錾"乾隆年制"4字款。外壁满錾宝相花，花蕊以珍珠及红、蓝宝石为主。两侧各有一变形龙耳，龙头上有珠。三足皆为象首式，长牙卷鼻，额顶及双目间亦嵌珠宝。"瓯"本指杯、盂一类的饮器，古人常以"金瓯"寓意国家政权。

　　这是一只具有特殊用途的酒杯。每年正月初一子时，皇帝在养心殿东暖阁南窗旧称"明窗"的地方举行开笔仪式。届时，皇帝用金瓯永固杯盛满屠苏酒饮下，用一支名为"万年青管"的毛笔，书写"天下太平""福寿长春"之类吉祥语，以示一年中吉祥如意。

402

"万年青管"笔

年代　清中期
收藏单位　故宫博物院

　　皇帝举行"明窗开笔"仪式的专用紫毫笔，竹管上刻有"万年青管"4字铭。图为"万年青管""万年枝"笔。

403

嘉庆帝手书吉语

年代　嘉庆元年（1796）
作者　（清）颙琰
收藏单位　中国第一历史档案馆

　　这是嘉庆帝书写的吉祥语，中间一行红字为"嘉庆元年元旦良辰，宜入新年，万事如意"，两侧为黑字"三阳启泰，万象更新""和气致祥，丰年为瑞"。开笔仪式的大致程序是：皇帝到桌前亲手点燃名为"玉烛长调"的蜡烛，在红漆雕云龙盘托着的香炉熏一熏"万年青管"笔，先蘸朱墨在洒金笺上书写，然后再换墨笔书写。

404

雍正时宪历

年代　清雍正
收藏单位　故宫博物院

　　"时宪历"相当于现在的年历，系明末徐光启等根据西洋新法编制而成，乾隆以后因避乾隆帝弘历名讳而改称"时宪书"。这是雍正元年、三年的"七政经纬躔度时宪历"。"七政"即水、金、月、地、火、土、木7个星体，"躔度"是用以标识日月星辰运行的方位和度数。

　　每年元旦开笔之后，皇帝都要翻开钦天监呈进的新一年的时宪书，以象征授时省岁之意。

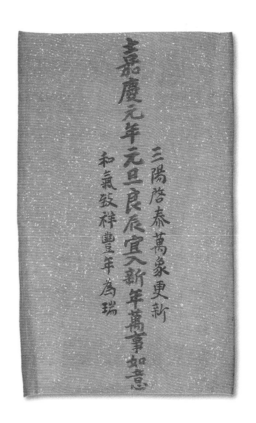

（405）

乾隆帝写本《般若波罗蜜多心经》

年代　清乾隆
作者　（清）弘历
收藏单位　故宫博物院

　　《般若波罗蜜多心经》简称"心经"，按通行的唐玄奘译本只有 260 字，但却是长达 600 卷的《般若波罗蜜多心经》之精华。每年元旦即正月初一，皇帝必书写《心经》一册。其中以乾隆帝抄写经文最勤，早年多在元旦和四月初八浴佛日写经，后来每月朔、望日均书《心经》一部，从不间断。

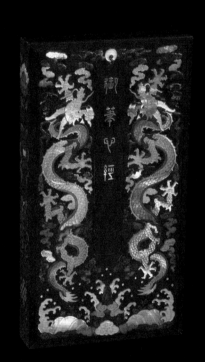

般若波羅蜜多心經
觀自在陰隆行深般
若波羅蜜多時照見
五蘊皆空度一切苦
厄舍利子色不興空
空不興色色即是空
空即是色受想行識
亦復如是舍利子是
諸法空相不生不滅
不垢不净不增不减

《岁朝图》

年代 清乾隆

作者 （清）张为邦

收藏单位 故宫博物院

　　"岁朝"即正月初一，为一岁之始，象征着除旧迎新、否极泰来。"岁朝图"则是中国传统的绘画题材，通常以静物画的面貌出现，内容也以冬天不易看到的花卉、树木为主，通过画中物品的名称谐音、民俗寓意或历史掌故来表现美好的祝愿。不仅宫廷画师要按时呈交"年例画"，擅长绘画的皇亲、大臣也常以这种形式恭贺新春。

　　这幅《岁朝图》，花瓶中插有桃花、月季，花盆中供有山石、灵芝和万年青，寓意四季平安、长寿万年，在时令画中颇具典型。

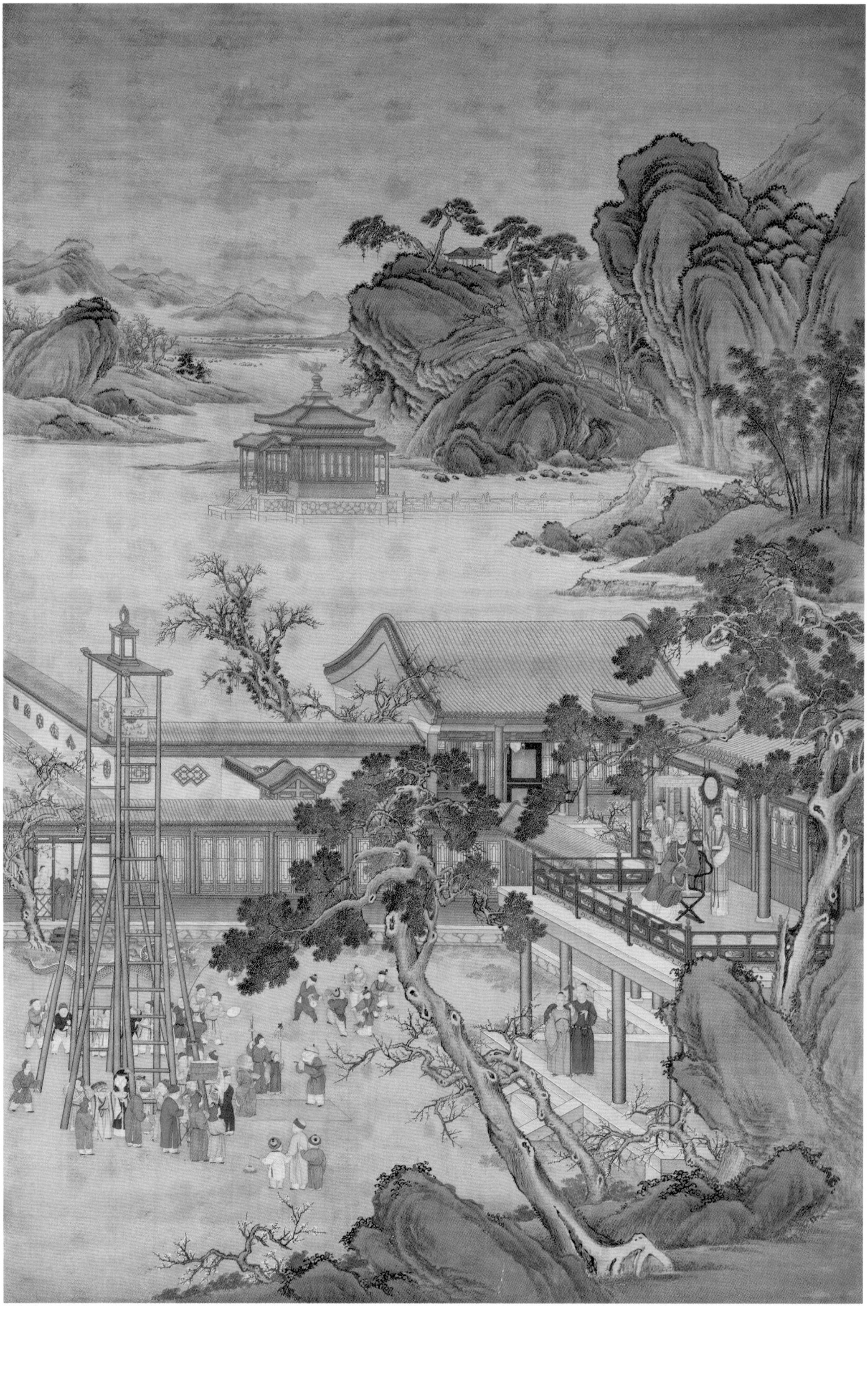

407

《弘历元宵行乐图》

年代　清乾隆
作者　佚名
收藏单位　故宫博物院

　　正月十五元宵节，又称为"上元节""灯节"，为岁朝之后的第一个重要节日。宫中也同民间一样，每年都以热烈的方式庆贺元宵。节日前后三天，例行在晚膳中增加象征团圆的元宵一品。元宵节当日，皇帝与众宫眷同看连台大戏；下午三四时许，在圆明园"山高水长"等空旷地带，观看相扑、马戏、爬杆和施放烟火等。此图描绘的就是乾隆帝与皇族子弟们在宫苑内欢度佳节场景。

408

童子抱鱼吊灯

年代　清
收藏单位　故宫博物院

　　旧时元宵之夜，城里乡间到处张灯结彩，盛况空前。宫中同样按照习俗，制作各式花灯用于玩赏。这只吊灯以铁丝做骨架，以彩绘纱质为灯面，纱上双面画童子抱鱼，两侧绘有蝙蝠，有年年有余和多福的吉祥寓意。画面绚丽多姿，充满了喜庆色彩。

409

春帖子

年代　清晚期
收藏单位　故宫博物院

　　每年立春之前，南书房翰林等官员都要向皇帝进春帖子。年前立春的，在腊月二十日以前呈进；新年后立春的，在二十日以后呈进。所谓春帖子，就是官员呈进的黄色小折子，上面写着五言或七言绝句。这是清晚期恭亲王奕䜣、大学士宝鋆共同进呈的春帖子。

（二）夏

410

《午瑞图》

年代　清雍正
作者　[意] 郎世宁
收藏单位　故宫博物院

　　五月初五日为端午节、又称"端阳节"。这一天，民间有吃粽子、挂蒲草等习俗。这是供职清宫的西洋画家郎世宁创作的一幅静物画，图中青瓷瓶内插着蒲草叶、石榴花、蜀葵花、托盘里面盛有李子和樱桃，几个粽子散落一旁。作品运用西方油画技法描绘中国风俗，其中粽子、蒲草等物品、暗示出此画是专为端午节所绘制。

411

五毒袋

年代　清
收藏单位　故宫博物院

古时，人们认为端午节是"毒日""恶日"，此时五毒出没，须用各种方法驱除其害。"五毒"即5种毒虫，指蝎子、蛇、蜈蚣、壁虎和蟾蜍。宫中常于端午日制作绣有五毒纹的荷包，俗称五毒袋，内装丁香、木香和白芷等草药，系于身上或挂在墙壁上，用以避邪驱毒。它们制作考究，在象征意义与实用价值之外，本身也是精美的工艺品。

412

《清明上河图》（局部）

年代　清乾隆
作者　（清）罗福旼
收藏单位　故宫博物院

赛龙舟是端午节的一项重要活动，在我国南方尤为流行，它最早起源于古人对水神或龙神的祭祀活动。龙舟即造型为龙的船只，大小因地而异，比赛规则是在规定距离内同时起航，以到达终点的先后决定胜负。这项运动同样为宫中喜爱，乾隆帝曾于端午日奉皇太后至圆明园"蓬岛瑶台"，观看在福海举行的龙舟大赛。图为清人罗福旼《清明上河图》描绘的宫中赛龙舟场面。

（三）秋

413

《七夕图》

年代　清乾隆
作者　（清）姚文瀚
收藏单位　故宫博物院

　　七月七日七夕节，又名"乞巧节"，相传是牛郎、织女鹊桥相会的日子。每逢七夕之夜，妇女无论长幼、贫富，都要预备五色细线和七孔细针，对着月光穿针引线，乞求自己心灵手巧。宫中还在此日设瓜果等祭品49种，由帝、后率众妃嫔对月遥拜牛郎、织女。此幅图描绘的即为宫中仕女"乞巧"场面。

慈禧法船旧影

年代 宣统元年（1909）
摄影 佚名

　　七月十五中元节是传统的"鬼节"，宫中也同民间一样，年年都要做法事、烧法船，为过世的皇帝、后妃祈福。"法船"即大型船形冥器，民间一般用秫秸秆扎架，再以彩色高丽纸裱糊。

　　宣统元年中元节，清廷为超度慈禧，特命内务府营造司在东华门外扎制了一只庞大的御用法船。它"通长贰拾贰丈，面宽贰丈贰尺"，先用上等木料制成框架，再以绫罗绸缎和彩布糊制，共花费白银十几万两。船上楼、殿、亭、榭和各种陈设、人物，扎制得惟妙惟肖。中元节当晚，众文武官员列队前往送焚，监国摄政王载沣主持祭祀礼毕，花费巨银扎制的大法船，在冲天的烈焰中化为灰烬。

415

《弘历观月图》

年代　清乾隆
作者　佚名
收藏单位　故宫博物院

　　八月十五日是传统的中秋佳节，这一天宫中的主要活动就是祭月、赏月与吃月饼。乾隆帝从即位后的第六年起，开始巡幸塞外，前后在热河避暑山庄度过 48 个中秋节，山庄的"云山胜地"便是他当年赏月吟诗的地方。图中乾隆帝身着汉服，正在皇子陪伴下悠闲地品茶观月。

416

泥制兔儿爷

年代　清晚期
收藏单位　故宫博物院

　　兔儿爷又称"彩兔"，为中秋节的传统玩具，基本都是泥塑彩绘而成。传统的祭拜月神的活动，借助传说中的玉兔捣药，期望祛病免灾。这尊兔儿爷似文官形象，穿戴官服、官帽，手持捣药杵，一手托住官带，侧身骑在梅花鹿上，神情憨态可掬。"鹿"与"禄"谐音，表达了人们对官运的期盼。

417

《月曼清游图》册之"重阳赏菊"

年代　清乾隆
作者　（清）陈枚
收藏单位　故宫博物院

　　九月初九重阳节，又称重九节，传统习俗主要有登高、赏菊、喝菊花酒、吃重阳糕、插茱萸等。陈枚绘《月曼清游图》册，共12开，每开均配有大学士梁诗正的行草体墨题，描绘的是宫廷嫔妃们一年12个月的深宫生活。此幅为九月"重阳赏菊"，描绘了贵妇们在宫苑观赏菊花的景致。菊花，在中国传统文化中代表忠贞、高洁，同时又被赋予吉祥、长寿的涵义。

（四）冬

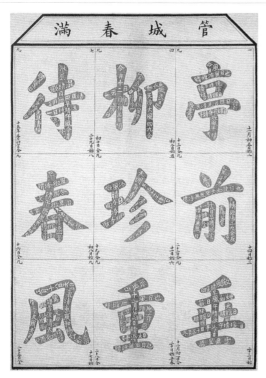

418

《九九消寒图》挂屏（正背面）

年代　清道光
收藏单位　故宫博物院

　　冬至为二十四个节气之一，也是宫中重要的传统节日。从这天开始，要过九九八十一天才寒尽春来。为了打发漫长的冬日，增添生活的情趣，人们便用填图、写字等方式，填充数九时期的日历。"日历"共有九九八十一个记录单位，故称"九九消寒图"。

　　《九九消寒图》共有文字、圆圈、梅花3种形式，这幅挂屏属文字类，为道光帝御笔。其上端墨笔书"管城春满"（"管城"为笔的代称），下面分九宫格书写"亭前垂柳珍重待春风"9个大字，每字9划。填充方法是从"一九"开始，每天描红一笔，待9个字全部描完，严冬已过，大地回春。

419

缂丝加绣《九阳消寒图》

年代　乾隆四十六年（1781）
收藏单位　故宫博物院

　　《九阳消寒图》是清宫每逢新年悬挂的装饰画，突出九九消寒、春回启泰的主题。此图为乾隆年间苏州丝织匠人仿宋人绘画《九阳消寒图》而作，画面主体为3名男童与9只小羊正在嬉戏。九羊寓意九阳消寒，属于阳性的三男童则取三阳开泰之意。周围的梅花、茶花、松树、竹石、河水等，都与内容结合得恰到好处，洋溢着喜庆祥和的氛围。

皇帝书写的"福"字

年代 清

收藏单位 故宫博物院

　　进入腊月（十二月），从初一就开始准备过
年，其中最为重要的事情是皇帝开笔书写"福"字。
这个"福"字很有讲究，用的是刻有金色"赐福苍
生"4字黑漆管笔，材料多用绘有金云龙花纹的纸
或绢。写好的第一个"福"字一般挂在乾清宫的正
殿，其余则张贴于后宫各处，有的则赐给王公大
臣。受赐者无不视如瑰宝，引以为荣。

421

乾清宫宝座旧影

年代 清末民初

摄影 佚名

收藏单位 故宫博物院

　　皇帝书写的"福"字，一般称作"福"字斗方。斗
方即正方形的作品，是将宣纸的长边对折后，由
中间裁开成为方形。这幅照片中，宝座、屏风上
方正中所贴"福"字斗方，应为当年皇帝书写的第
一个"福"字。

"福"字碑

年代 清康熙
收藏单位 恭王府博物馆

　　皇帝开笔书"福"，始于康熙，以后逐渐成为定例。恭王府花园中的"福"字石碑，就是康熙帝的真迹。这个"福"字在写法上暗含"子、田、才、寿、福"5种字形，寓意多子、多田、多才、多寿、多福。当年皇帝书写的"福"字虽多，但留存至今者却很少，这个罕见的"五福合一"之"福"，更被誉为"天下第一福"。

大铜锅

年代 清
收藏单位 雍和宫

　　雍和宫大铜锅

　　腊月初八属佛教节日，相传为释迦牟尼的成佛日，清宫对食腊八粥习俗十分虔诚。此前两三天，便派大臣将精挑细选的原料运到雍和宫，于腊八日熬粥6锅：第一锅祭祖、供佛，第二锅进奉内廷，第三锅赏赐在京的亲王、各寺庙僧徒，第四锅分给在京文武官员及地方大臣，第五锅留给雍和宫诵经喇嘛僧徒，第六锅施舍于民间百姓。

　　图为当年专熬腊八粥的铜锅，直径2米、深1.5米，重达4吨，每锅可容米二三十石（一石折合240千克）。

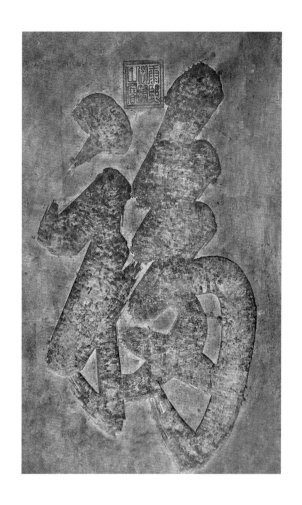

424

交泰殿内宝匣

年代 清康熙

收藏单位 故宫博物院

临近年关，朝廷逐渐停止政务。在腊月十九至二十二日的4天内，由钦天监选择吉日，皇帝在交泰殿行"封宝"礼：将宝印安放在交泰殿中供案上，设酒果、点香烛，皇帝拈香行礼，官员捧着宝印到乾清门外洗拭。礼毕，将宝印捧入殿内宝匣中封贮，待正月择吉日开封。宫内封宝后，各官署也照例封印，并欢聚畅饮，以酬一岁之劳。

425

坤宁宫灶王牌

年代 清

收藏单位 故宫博物院

腊月二十三俗称小年，宫中也有祭灶神习俗。灶神又称灶君，民间称为"灶王爷"，据说要在腊月二十三升天，祭灶的目的就是让他在玉帝面前多说好话。这天，在坤宁宫殿内西侧设供案、奉神牌、备香烛、摆供品。供品共33种，并由南苑猎取黄羊1只，使用由盛京内务府进贡的麦芽糖（关东糖）。祭灶神时，皇帝、皇后等先后到坤宁宫的佛像前、神龛前、灶神前拈香行礼。

天灯石座

年代　清
收藏单位　故宫博物院

　　腊月二十四日，在乾清宫布置彩灯。彩灯悬挂在灯杆上，丹陛上下各一对。下面的叫"天灯"，每晚都上灯，到二月初三日撤出。丹陛上的叫"万寿灯"，在御道两侧各立盘龙楠木灯杆一个，杆顶与宫檐齐，每杆悬挂绣金字宝联 8 幅。除夕将宝联收起，换上五色八角圆灯，同时在乾清宫两廊及甬道的石栏上也挂上灯笼。除夕夜及元旦、正月十一、十四、十五、十六日均上灯，至正月十八日撤灯。

　　图为乾清宫丹陛下的天灯石座。

427

白色春联

年代 清乾隆
作者 （清）弘历
收藏单位 故宫博物院

　　腊月二十六日，开始在宫中各处楹柱和门户上张挂春联。过年突出的是喜庆气氛，故汉族传统春联皆用红纸书写。清朝早期则不同，因为满族先民崇尚白色，所以春联都用白色纸绢，再缘以红边、蓝边。书法最初用满文，清中叶后改用汉字。图为乾隆帝御笔白色春联。

 428

红色春联

年代 清乾隆
作者 （清）弘历
收藏单位 故宫博物院

　　随着汉文化影响的不断深入，宫中亦以红色为吉利，开始红、白春联并用。春联多由翰林院撰稿，内容主要引用典故和四书五经。与民间的贴春联不同，宫中春联采用挂的方式，到第二年的二月初三日摘下收起，只要保存得当便可多次使用。图为乾隆帝御笔红色春联。

429

春条

年代 清
收藏单位 故宫博物院

　　春条即写有吉祥语的红纸条，一般贴于室内。春联分上下联，语句对仗工整；春条则只有一张，上面只写一句简单的吉言。宫中的春条多为挂屏式，挂在室内墙壁上，用以增添新春的喜庆气氛。

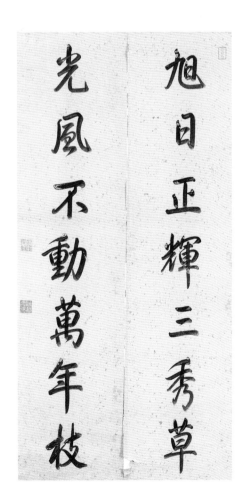

挂千

年代　清

收藏单位　故宫博物院

　　挂千又称"门笺""挂钱"或"挂签"，一般用红纸或彩纸剪成，呈长方形，上部为各种剪纸图案及吉祥语，底部为流苏式。挂千在中国已有千年历史，它常与春联搭配，即表示祝福又象征富有。这面"大吉葫芦"挂屏上的挂千，就是当年清宫所贴的样子。

431

金瓜将军武门神

年代　清
收藏单位　故宫博物院

　　腊月二十六，宫中上下开始张挂门神，至次年二月初三日与春联一同撤下贮存。清宫门神分为纸、绢或布质，装裱于木质框架，框顶安有铜挂环，用时挂于门扇上，用后摘下妥善保管，只要不污旧破损，仍可继续使用。

　　这对门神为二武将形象，金盔金甲、大红战袍，手持金瓜、腰悬弓矢宝剑。右侧者白脸凤目、五绺长须，左侧者紫面环眼、连鬓虬髯，分别为民间所说的秦叔宝和尉迟敬德的画像。武门神多用于宫院正门，寓有把守门户、驱邪除魔之意。

天官赐福文门神

年代 清
收藏单位 故宫博物院

　　清宫门神形象丰富多样，除将军门神外，还有福禄门神、判子门神、童子门神和仙子门神。其中，福禄门神也称"天官门神""文门神"，形象为古代文官装束，头戴展翅纱帽，腰系玉带，足登云头朝靴，袍色左绿右红。手中托盘和头部上方"仙气"中绘有桃子、佛手、灵芝、牡丹、仙鹤等，都是福寿富贵的象征，寓意天官赐福。多悬挂在宫内厅堂斋阁等处，既有喜庆之气又不失文雅。

433

交泰殿门神旧影

年代　清末民初
收藏单位　故宫博物院

这是清末或民初小朝廷时代的照片，可见交泰殿的棉门帘高高卷起，两个门扇上各挂一幅武门神，画幅恰好盖住门扇，足见宫中的门神之大。

434

中正殿内部陈设

年代　清末

中正殿位于紫禁城西北、建福宫花园南侧，为清代宫廷藏传佛教活动的中心区域。每年岁末，这里举行"得禄""打鬼"等传统的祭祀仪式，届时皇帝和驻京的西藏高僧都要出席。

得禄即由喇嘛扮二十八宿神及十二生相，又扮一鹿，众神护而分之。"鹿"与"禄"谐音，本为满洲狩猎获鹿的仪式，入中原后演变为"得禄"的吉祥寓意。打鬼是在中正殿树一草人（或面人），佛事完毕，众喇嘛将其送出神武门。这种仪式类似古代大傩、逐厉，清宫称作"跳布扎"，俗称"打鬼"。

435

《弘历岁朝行乐图》

年代　清乾隆
作者　［意］郎世宁、（清）丁观鹏等
收藏单位　故宫博物院

这是一幅由中西画家共同创作的画作，描绘的是乾隆帝携两位后妃及众皇子欢度除夕的生活情景。画中表现了宫中过年的许多习俗：乾隆帝怀抱小皇子，手持小锤做击磬状，谐音便是"吉庆"；蹲在皇帝身旁的皇子，在火盆里烧着松柏枝，名为"煜岁"，据说可以驱邪避讳；一粉袍皇子打着鲤鱼灯，象征年年有余；一红袍皇子手捧一盆苹果，寓意平平安安；一绿袍皇子怀抱芝麻秸，正一一撒在地上踩踏，称为"踩岁"，取芝麻开花节节高之意；一蓝袍皇子则一边捂耳，一边小心翼翼地点放爆竹……一幅其乐融融、充满温馨的父子欢乐之图！

255

二

生育

436

"螽斯门"匾

螽斯门紫禁城西二长街南门，为一开间琉璃门，黄琉璃瓦歇山顶，檐下为绿琉璃仿木构件，装宫门两扇，建筑形式朴素。"螽斯"典出《诗经·周南·螽斯》："螽斯羽，诜诜兮，宜尔子孙，振振兮。螽斯羽，薨薨兮，宜尔子孙，绳绳兮。螽斯羽，揖揖兮，宜尔子孙，蛰蛰兮。"螽斯是一种繁殖力极强的昆虫，以此命名为后宫的街门，意在祈盼皇室多子多孙，帝祚永延。

与此门相对应，西二长街的北门称"百子门"，东二长街的南北二门则称"麟趾门""千婴门"。后宫中的这4个街门，都有多子多孙的寓意。

437

《懿妃遇喜大阿哥》档册

438

档册内页

年代　咸丰六年（1856）

收藏单位　故宫博物院

在宫中，生儿育女要比民间更受重视。此档册是慈禧为懿嫔时，从怀孕到产后的档案誊清记录，署"咸丰六年三月二十三日立"。封面签题"懿妃遇喜大阿哥"，内文却均记"懿嫔"，这是因为她生了大阿哥载淳（后来的同治帝），很快晋封为妃的缘故。档册共46页，涉及懿嫔遇喜期间脉息的情况、挑妈妈和守喜大夫、御医轮值、产后调理，以及皇帝、太后赏赐物品清单等。

439

咸丰六年懿妃册

年代　咸丰六年（1856）

收藏单位　故宫博物院

慈禧，满洲镶蓝旗人，叶赫那拉氏，咸丰二年（1852）入宫，初封兰贵人，后晋懿嫔。咸丰六年（1856）三月二十三日未时，生大阿哥载淳于储秀宫，次日便晋封为懿妃。这是当时的银镀金册。

懿妃遇喜大阿哥

咸豐六年三月二十三日立

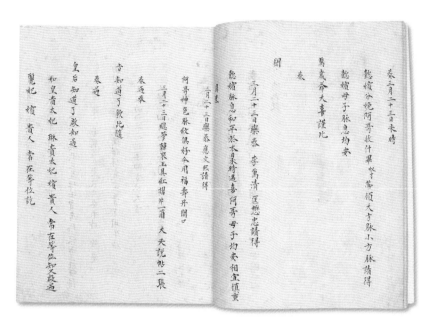

奏三月二十三日未時
懿嬪分娩阿哥收什畢。察看臉領大方脈小方脈請得
懿嬪母子脈息均安
萬歲爺大喜謹此

奏

聞

三月二十三日藥秦　李萬清邑懋忠請得
懿嬪脈息和平。本日未時遇喜阿哥母子均安。倘宜慎重

阿哥神色脈紋俱好。今用福壽丹開口
三月二十三日題嘗醫案玉具紅摺片一甫　大夫說帖二張
三月二十三日藥秦應文照請得
奏遵奏
皇后　知道了欽此隨
奏遵
吉知道了欽此隨
奏遵奏
如皇貴太妃　琳貴太妃　婉貴人　常在等臣知敬遇
覿妃　嬪貴人　常在等位託

懿妃冊文

維咸豐六年歲次丙辰十一月
朔日甲申
皇帝制曰朕惟椒闈佐治徽揚四德
之賢瓜瓞衍祥位重六宮之選

440

洗三木盆

年代 清

收藏单位 雍和宫

满洲习俗，婴儿出生后第 3 天举行洗浴祈福仪式，称为"洗三"，洗三盆即洗三所用之盆。宫中的具体做法是：事先将新生皇子（女）的生辰八字帖交给钦天监，推算出洗三的"吉辰"及其处所内的"吉方"。洗浴前，先把用槐叶、艾草煮过的水倒入盆中，再趁热将皇帝及亲族等所送的贺礼金银钱物，与花生、鸡蛋、枣、栗子等一齐投入水中，谓之"添盆"。然后，由接生婆或其他女性尊长为婴儿洗身，并以浓茶擦拭婴口，挤净乳糊，包扎脐带，听其自落。女婴则以脂粉涂面，有的还在此时穿耳。

此后，婴儿出生第 9 日要升摇车，小满月（12天）、满月、百禄（百日）皆举行祝贺仪式。其中，满月之日还择吉时给小皇子（女）剃第一次头。

441

剔彩漆百子晬盘

年代 清乾隆

收藏单位 故宫博物院

旧俗，婴儿周岁日，以盘盛物听其抓取，以观其将来之志趣，谓之试晬、抓周。晬盘，即抓周时的盛物之盘。皇子抓周所用之物有："玉器二、玉扇器二、金匙一、银盒一、犀杯一、犀棒二、弧矢各一、文房一份。"据记载，同治帝周岁时"先抓书，次抓弧矢，后抓笔，众人皆称将来必成大器，但即位后却哪样也没就"抓"起来。

这件晬盘为漆制，剔彩备红、黄、绿、紫 4 色，盘内雕 100 个童子，分别在赛龙舟、舞龙、垂钓、跳绳、奏乐、放风筝、跳假面舞、读书写字等，俗称"百子图"。

442

银长命百岁锁

年代 清

收藏单位 故宫博物院

长命锁是挂在儿童脖子上的一种装饰物，造型呈锁状，多以金银宝玉制成，上面錾刻"长命富贵""福寿万年"等吉祥文字与图案，锁片多用长丝带穿系。据说此物能够辟灾去邪，"锁"住生命，所以许多儿童从出生不久起就开始佩挂，一直戴到成年。这枚长命锁为银制，当为某位皇帝的御用之物。

《璇宫春蔼图》

年代　（清）道光至咸丰
作者　佚名
收藏单位　故宫博物院

　　此图描绘的是道光孝全成皇后与幼子奕詝（即后来的咸丰帝）在宫中玩耍情形，真实反映了内廷嫔妃及其子女的日常生活。图中奕詝身穿红衣、绿裤，足登小虎鞋，一手被母亲所牵，一手高举荷花，一副天真烂漫、虎头虎脑的模样。而他脖颈上佩挂的长命锁，除了穿带外，几乎与前述实物完全相同。

布老虎

年代　清

收藏单位　故宫博物院

　　为了让年幼的皇子、皇孙或小皇帝享受童年的欢乐，宫中也同民间一样，不断制作、购买玩具供其玩耍。

　　布老虎是流传甚广的传统手工艺玩具。在中国人心里，老虎是驱邪避灾的象征，可以带来平安吉祥，往往在孩子降生后就赠送布老虎，希望孩子健康成长。这只布老虎头颅硕大，尾巴颀长，全身彩绘虎斑，头顶上饰"王"字，憨态可掬。白天能当玩具，晚上可作枕头，既美观又实用。

泥塑动物

年代　清晚期

收藏单位　故宫博物院

　　泥塑玩具历史悠久，成本低廉。它们是以细腻有黏性的泥土为原料，通过手工捏制或模制，并经烧造而成。宫中的泥塑动物玩具，形态逼真自然，大小多在10厘米左右，孩童可以信手把玩。

戏曲泥人

年代　清晚期
收藏单位　故宫博物院

　　戏曲泥人是宫中的一种特色玩具，多出自无锡惠山、天津泥人张之作。制作时运用揉、搓、捏、拍、压、彩绘、打蜡等手法，创造出生动的形象。它们与当时的戏曲剧目相互对应，儿童通过信手把玩，可以从中了解相关的戏曲知识。

弹簧小人

年代　清晚期
收藏单位　故宫博物院

　　彩绘泥人，作老翁背少妇形象，底部带有弹簧，形态诙谐，设计独到。

448

彩塑面人

年代　清晚期
收藏单位　故宫博物院

　　面人即面塑，也是一种传统玩具。它以面粉、糯米为主料，调成不同色彩，用手和简单工具，塑造各种栩栩如生的形象。清代百业发达，面人也成了观赏品，常有小贩走街串巷背着柜子现捏现卖。宫中的面人，当系从民间购买。

449

傀儡戏人

年代　清晚期
收藏单位　故宫博物院

　　傀儡即木偶，传统玩具，以表演动作为主。这只傀儡戏人结构简单，人头为泥塑，用布做身和双手，表演时以粗棍控制身体，细棍操纵双手动作。

滑稽小丑

年代　清晚期
收藏单位　故宫博物院

　　木制人偶，身穿怪异服装，形象十分滑稽，与宫中司空见惯的长袍马褂装束形成强烈反差。

451

木动物

年代　清晚期
收藏单位　故宫博物院

　　通体平滑，呈站立式，头部和四肢可以活动。造型有趣，憨态可掬。宫中的这类动物玩具，除图中的骆驼、狗外，还有象、狮、豹、猴等，都属于较简单的木制关节玩具。这些可活动的小动物，适应孩童的好动天性，可以激发他们的想象力。

452

不倒翁

年代　清晚期
收藏单位　故宫博物院

　　不倒翁又称"扳不倒儿"，是一种形状像人、上轻下重的玩具，扳倒后能自动恢复原位。传统的不倒翁多为泥、纸等天然材料制成，这几件则是光滑的塑料质地。

453
"扮家家酒"玩具

年代　清晚期
收藏单位　故宫博物院

　　扮家家酒俗称"过家家"，是儿童喜欢玩耍的游戏。为了让小皇帝及皇子们快乐成长，宫中备成套的仿真玩具。这是其中的小瓷茶具、小银酒具、锡制小火锅和小碗。

454
"七巧图"与"益智图"

年代　清
收藏单位　故宫博物院

　　七巧图即七巧板，是一种传统的智力游戏。它以 7 块拼板为基础，通过等积变换可拼成千变万化的形象图形。益智图则是在此基础上设计，由15 块不同的木板组成，采用了八卦的原理排列组合，拼制的图形更加丰富。

英国彩色积木

年代　清晚期
收藏单位　故宫博物院

　　积木是常见的儿童玩具，简单的积木有长、方、钝、锐、圆、半圆等几何形状体，上饰以彩画，用以拼搭各种器物、建筑等模型。由于玩积木可启发儿童思维，所以清宫廷先后购进了数种英国、法国制造的洋积木。这套英国彩色积木与传统积木有所不同，其所用木块均为大小、形状相等的正方体，六面各绘相关的彩色图案，玩法类似于立体拼图。

益智穿线板

年代　清晚期
收藏单位　故宫博物院

这是上海商务印书馆制造的教育玩具，在不同形状的薄木板上设圆孔，用两头穿有铁针的彩线进行穿插，可组合成三角、方、圆、菱形、多边等几何图形，用以锻炼儿童的形象思维能力。

木框转花玻璃片

年代　清
收藏单位　故宫博物院

这是由西方引进的玩具，基本方法是在长方形木板中心镶两片彩绘圆玻璃，两片玻璃叠在一起，两边都可以观看。圆玻璃用金属圈固定，圈内装有齿轮。木板上有一铁手柄，其直端嵌入金属圈，并与齿轮衔接。转动铁手柄，带动齿轮，绘有西方建筑与田园风光的玻璃画就会翻转活动。

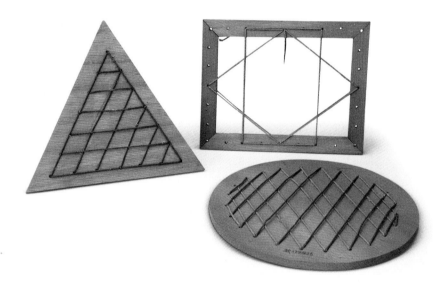

翻顶机械人

年代 19世纪
收藏单位 故宫博物院

　　机械人玩偶是从西洋传入的一种玩具，它利用与钟表相同的机械原理，操控人偶在音乐的伴奏下模仿真人动作。这尊机械人为武丑打扮，双手支撑在一把椅子上，身下的长方形台子内设有伴奏音乐和控制表演动作的机械装置。上弦后音乐响起，武丑先反复举几次右手，然后双手扶椅，两腿并拢向后摆动，身体逐渐腾空。期间再重复表演撒手动作。最后双手扶椅，身体下移，渐渐恢复原位，乐声终止。

三

寿庆

(459)

《慈宁燕喜图》

年代　清乾隆
作者　佚名
收藏单位　故宫博物院

　　清朝皇帝强调"孝治天下"，乾隆帝对其母崇庆皇太后更是极尽孝道。她的衣食住行，享尽天下荣华。乾隆帝每次出巡，必奉太后而行，遍及大江南北，长城内外。太后六十、七十、八十大寿，都举国欢庆，一次比一次隆重。如六十大寿时，乾隆帝修建清漪园作为寿礼，并将瓮山改名万寿山。这是清宫廷画家所绘《胪欢荟景图》册中的一开，描绘慈宁宫寿筵上，乾隆帝为崇庆皇太后举觞祝寿场景。

万寿贡单

年代　清

收藏单位　故宫博物院

　　清制，皇帝、皇太后和皇后寿辰，分别称为万寿节、圣寿节和千秋节，宫中都要举行相应的庆寿活动。其中，万寿节更与元旦、冬至并称"三大节"，成为普天同庆的盛大节日。届时各王公大臣、封疆大吏，纷纷进献寿礼，以表忠心与祝愿。这是某次寿庆时大员们进贡寿礼时所附贡单，上面写明礼品名称、质地和数量。

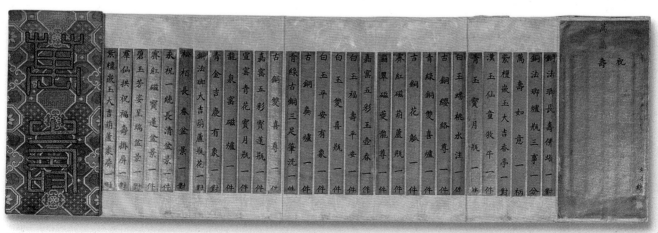

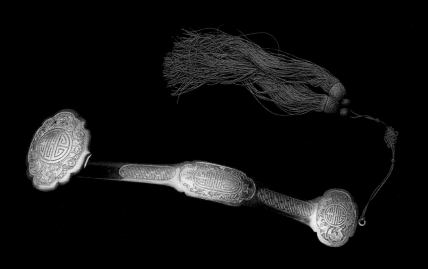

461

金佛

年代　清
收藏单位　故宫博物院

宫中寿庆，臣下例有进金佛一项，且多以 9 尊
为一组。如乾隆帝八旬万寿，连绵不断的庆寿活动
持续了 3 个月之久，仅金佛一种寿礼就收了上万尊。

462

寿字金如意

年代　清
收藏单位　故宫博物院

如意是吉祥如意的象征，臣子向皇帝、太后、皇
后进献寿礼，往往也将如意列在贡单首位。名称
有"福寿吉祥"如意、"万寿无疆"如意、"亿龄福寿"
如意等，都深得主人喜爱。这枚寿字金如意即皇
帝寿辰时所用。

青花万寿字大瓶

年代　清康熙
收藏单位　故宫博物院

　　这是康熙帝万寿节时,景德镇御窑厂敬献的寿礼。造型高大古朴,线条刚柔相济,瓶体以青花釉写满"寿"字,分布于口、沿、腹、足4个部位:口面77行,每行2字;口沿48行,每行1字;腹130行,每行75字;足48行,每行1字。共计1万个"寿"字,寓意万寿无疆。这些"寿"字,全部采用不同书体的篆字书写,排列整齐,纵横成行,字体的大小、粗细、长短、疏密,均随器形变化处理得恰到好处。

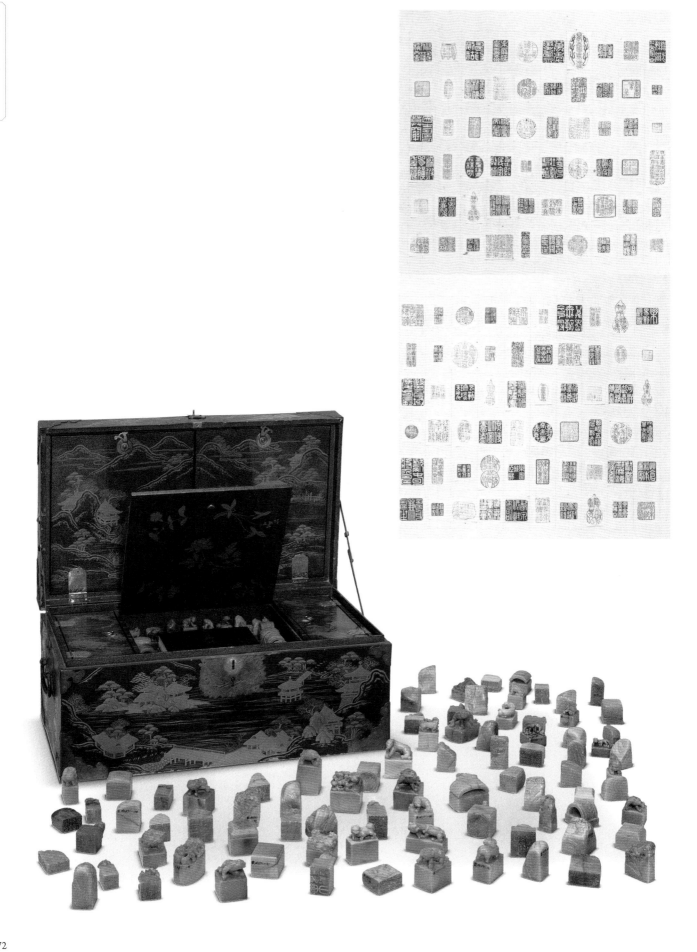

464

"圆音寿耋"套印

年代　清乾隆
收藏单位　故宫博物院

　　青田石印章，全套共 120 方，每方均带"寿"字，印文摘自乾隆御制诗文中的吉语。紫檀紫漆描金印盒，外绘仙山楼阁，内饰山石树林，分上下两层盛放印章，中间存一宝薮，即此套印的印谱。这是乾隆帝八十寿辰时，大学士和珅所进献。

465

同治帝《恭贺慈禧皇太后四旬万寿圣节诗》

年代　同治十三年（1874）
作者　（清）载淳
收藏单位　故宫博物院

　　同治十三年（1874）十月初十日，适逢慈禧太后四十寿辰，群臣争相祝贺，进献寿礼、诗赋。同治帝亦循前例，写诗恭祝母后圣寿。不料两个月后的十二月初五日，他便因病暴亡，终年 19 岁，这幅作品也就成了他的最后一篇诗作。

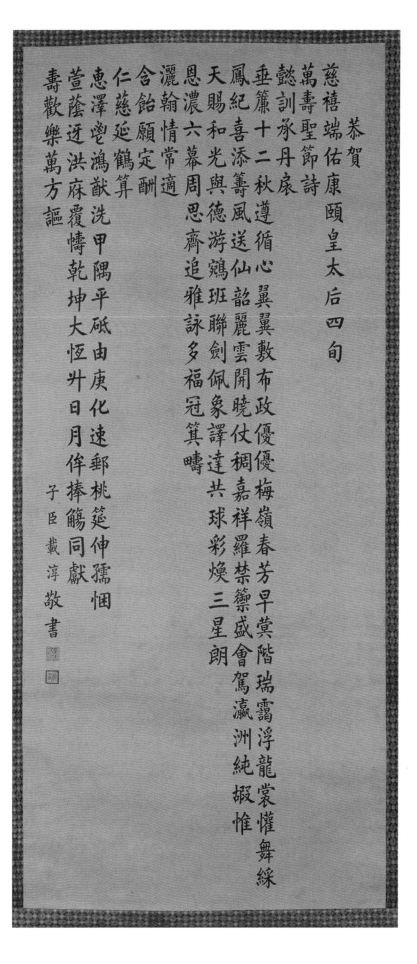

娱乐篇

　　清代皇帝、后妃的娱乐生活，内容可谓丰富别致。游乐的场所除皇宫紫禁城外，主要是京城内外的离宫御苑。

　　紫禁城内有御花园、慈宁宫花园、建福宫花园和宁寿宫花园，均为内廷宫殿的附属花园，建筑以小巧、精致、严整见长，专供皇帝及其家人在宫内休憩、游赏，有的则具敬神、拜佛、颐养、藏书、阅览等功用。与紫禁城毗邻的今北海与中南海，那里有宽阔的太液池，殿堂楼阁多临水而建，为京中最大的皇家园林与游憩场所。而京西海淀一带，自辽金以来就是著名的游览胜地，清朝更是在原有行宫别墅基础上，陆续大兴土木，建成以圆明园为中心的宏大宫苑群。这片皇家园林连绵20余里，包括圆明园、畅春园、万寿山清漪园、玉泉山静明园和香山静宜园，合称"三山五园"。除此之外，清帝还喜欢到各地巡狩，承德避暑山庄就是京外最大的皇家园林。

　　相对于规制严禁、建筑较为呆板的紫禁城而言，离宫别苑则是宜居、宜游的另一番天地。那里不仅景致宜人，生活礼节上也稍可放松。因此从康熙到咸丰的历代皇帝，除隆冬时节和举行必要的典礼、祭祀活动时返回皇宫外，一般都携宫眷在京西诸苑生活。其间，六月前后赴避暑山庄和木兰围场，十一月初返回京城。清朝晚期，京西宫苑毁于英法联军焚掠，慈禧太后为满足游乐之欲，不顾国运民生，又将原清漪园修葺一新，更名为颐和园。

　　清朝以弓矢得天下，入关后为保持其强悍、尚武的民族性格，仍强调"阅武事""修国俗"。因此清代宫廷的主要娱乐活动，前期"武"的风格比较明显，多为具有军事色彩的竞技类体育，其中最具代表性的项目有围猎、摔跤、冰嬉等。随着历史的发展和民族文化的进一步融合，中后期"文"的色彩不断增强，如热衷戏曲、棋牌游戏、豢养宠物等，恬淡文雅的内容日益丰富。

看戏是清宫中最主要的娱乐活动，自康熙以后更是历久不衰。为此内务府专设升平署，掌理承应宫廷音乐及演戏事务。署中的内学、外学主理教戏与演戏，其中内学由小太监组成，外学由旗籍与民籍伶人组成，内、外二学人数常达数百之多。此外，还召在京及外省戏班入宫演戏。紫禁城中建有大小戏台10余座，宫外的西苑、西郊及承德避暑山庄各苑囿与行宫也均设有戏台，以备帝后随时观戏。宫中戏剧以昆曲、弋腔为主，兼有各种地方杂戏，清末还有皮黄，即后来的京剧。据不完全统计，清宫自康熙至宣统年间编演的剧目就达数千种之多。

凡遇元旦、皇帝登极和帝后寿辰等重大节日，都要连演数日大戏，每天清早开始，日落方罢。其他各种节令及每逢初一、十五，也都无不演戏。当时宫中若无丧乱，几乎无日无锣鼓，天天奏笙簧。

乾隆、道光、咸丰三帝及慈禧太后等，都堪称戏迷。

《弘历宫中行乐图》

年代　清乾隆

作者　（清）金廷标

收藏单位　故宫博物院

　　"行乐图"是宫廷绘画的重要题材，内容主要表现帝王政务之余的休闲活动。尤其是雍正、乾隆两代皇帝，曾谕令宫廷画家为其绘制许多古装行乐图，从中可见他们对传统文人乐天自在生活状态的钟情与向往。此图仿宋人刘松年古意，乾隆帝一身高士衣冠，凭栏倚坐于宫苑涧阁中，正倚栏而坐，居高临下地目视着栈桥上款款而至的女子。太监或执扇、或端匣、或抱琴，跟随女主身后……整幅作品充满了宫廷娱乐气息。

《马术图》

年代　乾隆十九年（1754）
作者　[意] 郎世宁等
收藏单位　故宫博物院

　　清朝以骑射开国，武功定天下，入关后不忘保持骑射等武功特技。此图描绘乾隆十九年（1754），乾隆帝在承德避暑山庄招待蒙古族首领阿睦尔撒纳、班珠尔、纳默库等人，并与之一道观看马术表演场景。乾隆帝骑花马立于由王公大臣组成的马队前端，画面左上角聚集着由八旗官兵组成的马队，他们在号令旗的指挥下，策马飞奔，为首者背上插旗，尾随而来的骑马人有的耍弄弓箭，有的作倒立状，有的还双手托举一人……骑士们的动作刚劲有力，大胆惊险，充满了力量和运动感。

468

《塞宴四事图》

年代　乾隆二十五年（1760）
作者　［意］郎世宁等
收藏单位　故宫博物院

　　此图描绘乾隆帝在塞外观赏蒙古族竞技表演场景。四事即诈马（赛马）、布库（相扑）、教駣（驯马）和什榜（音乐）四项活动，其中前三项均为蒙古传统体育项目。皇帝与蒙古各部落首领聚集一堂，在欣赏体育表演的同时，还有蒙古音乐伴宴。"塞宴四事"既是重要的娱乐活动，也是皇帝与蒙古上层人物联络感情的一种方式，可谓一举多得。

469

《冰嬉图》（局部）

年代　清乾隆
作者　（清）金昆、程志道、福隆安等
收藏单位　故宫博物院

　　冰嬉即冬季冰上娱乐活动，清代将其视为"国俗"，宫中每年从八旗官兵中挑选能手入宫训练，冬至到"三九"时在西苑太液池举行冰嬉比赛。届时皇帝率王公大臣等前往观看，赛后按等次恩赏银两。

　　此图中描绘的是转龙射球项目，地点应为西苑金鳌玉蝀桥之南的冰面。进行冰嬉表演的旗手和射手间隔排列，盘旋曲折滑行于冰上，望之蜿蜒如龙形。临近皇帝御座处设一旌门，上悬一球，称天球。转龙队伍滑至此处时，分别射矢，中者有赏。人数众多，场面浩大，表演者的各种姿态让凛冽的寒冬充满生机。

470

冰鞋

年代　清
收藏单位　故宫博物院

　　清代溜冰运动又称"跑冰鞋"，顾名思义就是穿着冰鞋滑跑。当时的冰鞋比较简单，就是在一块木板底部固定铁条或其他材质的光滑条片，使用时用绳带将其扎紧在鞋上。这双冰鞋制作精致，从形状上看与《冰嬉图》中表演者所穿完全一致。

東風二月拂人和高架
鞦韆紅袖多五色衣裳
耀明錦絍雪相映掠空
過綠楊紅杏媚春晴絛
利花相洲景成閨閣身
輕踏空舞天風吹度珮
瓊聲

471

《崇庆皇太后万寿盛典图》卷（局部）

年代　清乾隆
作者　佚名
收藏单位　故宫博物院

　　冰船又称冰车、冰床，是一种专用于冰上的一种交通工具，在中国北方地区曾十分流行。它既可坐人，也可载物，由人或畜用力推拉在冰上滑行。乾隆二十六年（1761）十一月，乾隆帝的生母崇庆皇太后七旬圣寿，满洲传统的冰船便成了庆寿活动中的一项重要内容。

472

《月曼清游图》册之"杨柳荡千"

年代　清乾隆
作者　（清）陈枚
收藏单位　故宫博物院

　　荡秋千是中国传统的娱乐活动，从唐代开始便盛行于大江南北。民俗相传，它可以驱除百病，而且荡得越高，象征生活过得越美好。秋千也是清宫娱乐项目之一，此图即描绘宫中女子在御园荡秋千场景：园中垂柳杏树旁，秋千架高耸，一女正身姿轻盈地荡秋千，另七女在架下或立或坐。图中的秋千属于横板离地较高的高架秋千，为此作者还十分细腻地在秋千架下绘了一张圆凳。

473

翊坤宫前廊的铁环

年代　清末民初
收藏单位　故宫博物院

　　后妃爱荡秋千，宫中也将其视为符合礼仪规范的活动。到了清朝晚期和清帝逊位后，紫禁城中根据需要安设秋千，西六宫之一的翊坤宫廊下的两副大铁环，就是当年悬挂秋千之物。

474

纸龙风筝

年代 清晚期

收藏单位 故宫博物院

    风筝又称"纸鸢"，历史源远流长，清代宫中也有放风筝这项娱乐活动。清宫制作的风筝，质地有纸、绢、绫等，造型有龙、蝴蝶、鱼，绘制十分精美。风筝桃子多以紫檀、红木为之，风筝线则多为丝线，用料相当考究。

475

纸鲇鱼风筝

年代 清晚期

收藏单位 故宫博物院

    鲇鱼样式取年年有鱼之意。主图案为寓意祝寿的海屋添筹，中心为天坛，坛内一小屋为海屋，内有装着筹码的小瓶。天坛周围有8只翱翔的仙鹤，均口衔筹码飞向海屋。辅助图案为海水、云纹，有活动的鱼眼、弯曲的鱼须。色彩以蓝色为主调，再辅以红、绿，冷暖色调融合，更使画面充满热烈、欢快气氛。

476

《旻宁行乐图》（局部）

年代　清道光
作者　佚名
收藏单位　故宫博物院

此图描绘的是道光帝与众皇子、公主欢聚行
乐的情景，场景当为圆明园。年幼的3位皇子（即
皇七子奕譞、皇八子奕詥、皇九子奕譓）正仰望
天空，欢快地放飞"福""寿"两只风筝。

477

空竹

年代　清晚期
收藏单位　故宫博物院

空竹又称"空中"，是用竹木制成的玩具，大
致做法是在圆柱的一端或两端安上带有小孔的圆
盒，用绳子抖动圆柱，圆盒便快速旋转，发出嗡
嗡的响声。在清代，抖空竹是一种受人欢迎的娱
乐活动，宫中同样喜欢玩耍。空竹分为单轮（木
轴一端为圆盘）和双轮（木轴两端各有一圆盘）
两种，这对空竹一大一小，均为比较容易操作的
双轮空竹。

 478

铜投壶

年代　清乾隆
收藏单位　故宫博物院

　　投壶是一种广口大腹、颈部细长的器物,多用于宴饮时投掷行酒。投壶时,宾主依次取箭矢以同等距离向壶中投掷,投中者为胜,不中者罚酒。这只铜投壶为乾隆帝的御用器,头部附4个小耳,壶颈为节竹样式,中间刻篆书御制诗一首,壶身两边各有龙头手柄一个。构造精细,样式别致、淡雅自然。

479

竹鱼竿

年代　清
收藏单位　故宫博物院

　　鱼竿是一种常见的捕鱼工具,也用于户外垂钓休闲。这副鱼竿为插接式,由5节竹制竿体相互连接,可组成下粗上细的长杆。接口为铜制,相互插接严密,受力后的整体性能较好。宫中垂钓活动不见文献记载,这副选材精良、工艺考究的钓竿,则无疑成了这方面的实物见证。

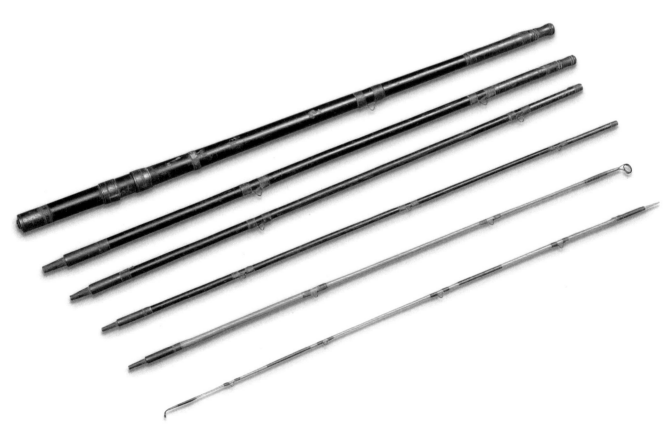

《咸丰妃嫔行乐图》

年代　清咸丰
作者　佚名
收藏单位　故宫博物院

　　此图描绘咸丰帝的三位妃嫔在宫苑游玩场景，其中二人垂钓，一人采花。从人物旁边的题签上可以得知，她们自左向右依次是春贵人、玫贵妃和鑫常在。最值得一提的是中间那位绿衣垂钓女子，此人即玫贵妃徐佳氏，宫女出身，因被咸丰帝看中而"承恩眷"封为玫常在，后逐步晋封为玫贵人、玫嫔。咸丰帝死后，又被尊封为玫妃、玫贵妃。像她这样由宫女而逐渐晋封到贵妃高位者，在整个清代并不多见。

二

演戏

481

重华宫戏台

看戏是清朝皇帝最为热衷的娱乐活动，为此紫禁城与圆明园、颐和园及承德避暑山庄等御苑均建有戏台。紫禁城中的戏台都分布在内廷范围，如宁寿宫区域的畅音阁大戏台、倦勤斋室内小戏台，漱芳斋院内的重华宫戏台、室内的"风雅存"小戏台，以及长春宫院内的戏台等。它们大小不同，形式各异，可以满足各种规模的演出需要。

重华宫戏台属于宫中的中型戏台，每年元旦、万寿节等节日均在此演戏。有时在畅音阁大戏台演出告一段落，又在此继续演唱。

482

《群英会》戏本

年代　清
收藏单位　故宫博物院

清代承应宫廷戏剧演出的机构，先后有南府和升平署。剧种初以昆腔、弋腔为主，后乱弹（"京剧"的前身）等逐渐增多，并常令民间戏班进宫演出。剧本多为手抄，其中又分专供帝后看戏用的"安殿本"和供排演用的"串头本""排场本"。《群英会》为升平署乱弹戏，此戏本为"安殿本"，内容取材于《三国演义》中"诸葛亮会周瑜完计破曹"故事。

483

戏剧人物画《探母》

年代　清晚期
作者　佚名
收藏单位　故宫博物院

戏剧人物画是升平署与宫廷画师合作绘制，供帝后观赏的画作。所画剧目均为乱弹，每幅绘人物3—7个，人物上首题写角色姓名，下角注有戏名题签，若干幅汇为一册。《探母》取材于《杨家将演义》，画面表现的是铁镜公主盗取令箭，帮助杨四郎出关一幕。

484

戏剧人物画《取金陵》

年代　清晚期
作者　佚名
收藏单位　故宫博物院

《取金陵》取材于《明英烈》，表现朱元璋率红巾军反元，元帅徐达用诱兵之计，攻取金陵城故事。

485

《莲花湖》剧照

年代　清晚期
收藏单位　故宫博物院

晚清光绪年间，京剧已发展到鼎盛时期，当政的慈禧太后对其更有超乎寻常的热情。当时，升平署曾挑选大批民间戏班的著名演员，充任教习和学生，称为"外学"；民间戏班也应召入宫，称"外班承应戏"。名角谭鑫培、陈德霖、余玉琴、王瑶卿、杨小楼等，都曾应召为慈禧唱戏，他们的部分剧照也由此进入宫中收藏。

《莲花湖》是京剧中的传统武生剧目，这幅剧照中的胜英（右）和韩秀，分别由王瑶卿、杨小楼饰演。

486

《断桥》剧照

年代　清晚期
收藏单位　故宫博物院

《断桥》为昆腔《白蛇传》的一折，剧照中陈德霖（右）饰白素贞、余玉琴饰青儿。

487

象牙笏"普天同庆班"仪仗模型

年代　清光绪
收藏单位　故宫博物院

慈禧太后嗜好戏剧，升平署的演出已难尽其兴。为此，她除了频招民间戏班入宫演出，还以其寝居长春宫的太监为主，成立"普天同庆"戏班，又称本家班，由她亲手调教。此模型即该戏班的牌位，使用时放置于后台桌上。慈禧对戏剧很是内行，对于演员的表演近乎苛求，赏罚全凭一时兴致。

京剧唱片

年代 清末民初
收藏单位 故宫博物院

　　留声机进入中国后，外国商人不失时机地制作了一批京剧名角的唱片。其过程一般是先在中国录音，送往国外制成唱片，再运回中国销售，对此宫中亦大量购买。这些唱片为黑胶木质，双面均可使用，内容既有京剧、梆子戏，也有器乐和外国歌曲。其中的京剧唱片，均为当时的名角、名段。这是百代公司录制的谭鑫培《洪洋洞》唱片。

法国留声机

年代 清末民初
收藏单位 故宫博物院

　　留声机是用来播放唱片录音的机械设备，最初由美国发明家爱迪生于 1877 年发明，不久即在欧美国家流行开来。大约于 20 世纪初，这一时尚物件进入中国，并出现于皇宫紫禁城。这部留声机为法国百代公司制造，由旋转机构、唱头、喇叭三部分组成。机身为正方形，木制，右侧设摇把；天蓝色金属喇叭，尽显时代特色。

棋牌

490

《奕䜣慈禧对弈图》

年代　清晚期
作者　佚名
收藏单位　故宫博物院

　　围棋是我国传统的棋艺之一，清代棋苑更是盛况空前。皇帝、后妃多为围棋爱好者，以此娱乐身心，陶冶性情。这幅对弈图采用工笔重彩，将咸丰、慈禧帝后的神态、服饰、动作描绘得惟妙惟肖。只见二人坐于紫檀木方桌两侧，右手边各置一只精致的髹漆棋盒，棋盘上已开始布局。慈禧正用右手去拈盒中的白子，咸丰帝则手执黑子作深思状。此图可谓画龙点睛，真实反映了晚清宫廷的消闲生活。

491

玉围棋子

年代　清
收藏单位　故宫博物院

　　围棋子为扁圆形，多以玉、石、玻璃、陶瓷磨制。这套为青白玉棋子，现存白子 185 枚，青色 180 枚，分盛于黑漆描金缠枝莲纹盒内。温润的棋子与华贵的棋盒，相得益彰，尽显精致之美。

492

掐丝珐琅缠枝莲纹棋子盒

年代　清早期
收藏单位　故宫博物院

　　围棋是一项高雅的娱乐活动，宫中储存棋子的围棋盒也成为可以把玩的高档用品。这只掐丝珐琅棋盒呈钵形，通体施浅蓝色珐琅釉为地，腹部饰掐丝彩色缠枝莲花，分别为红、黄、白、紫色。底饰红、黄、白色菊花纹。形制规整，掐丝舒展，花朵充实饱满，远看近观都有一种很强的文雅气息。

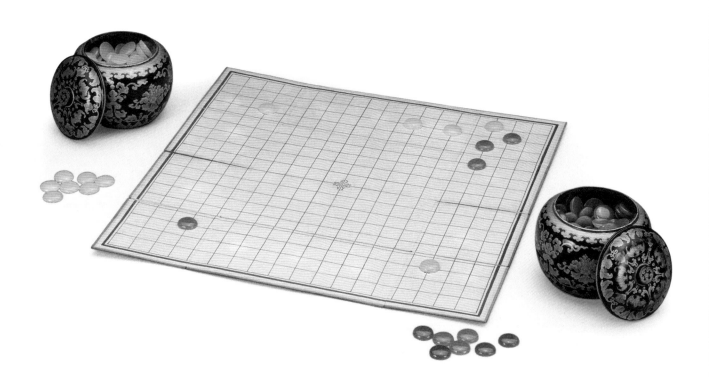

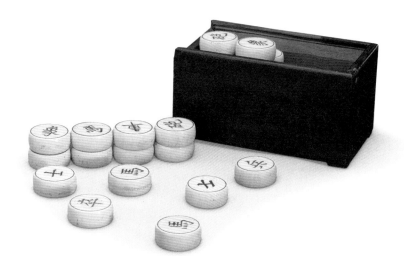

493

牙雕象棋子

年代　清

收藏单位　故宫博物院

　　中国象棋已有两千多年的历史，小小棋盘、32个棋子，楚河汉界，红黑对峙，风云莫测，寓存亡进退之理、阴阳消长之妙。这一雅俗共赏的娱乐活动，在宫中也很流行。乾隆帝就酷爱象棋，常以此愉悦身心。清末慈禧太后也喜欢下棋，虽然棋艺平平，却要"百战百胜"。这副棋子以象牙雕成，当为帝后的御用之物。

494

玉象棋子

年代　清

收藏单位　故宫博物院

　　棋子共 32 枚，其中青玉、碧玉各 16 枚。配以花梨木嵌竹玉方棋匣 1 个、黄色纸棋盘 1 张。

蒙古象棋

年代 清
收藏单位 故宫博物院

　　蒙古象棋是流行蒙古地区的棋种，某些走法
与国际象棋相似，共32个棋子，每方各执16子：
一后、一将、二车、二象、二马和八卒。这副清
宫遗留的蒙古象棋，为木雕象形棋子，彩漆油饰，形
态各异：车、马各如其形，后为坐车轿的王公，将
为骑马戴官帽者，象刻成骆驼，卒为木刻人（一
方穿清朝官服，另一方为僧侣形象）。棋子的人
物、动物、器物造型古朴生动，具有典型的塞外
风格。

染骨双陆棋

年代　清中期
收藏单位　故宫博物院

　　双陆是一种古老的棋艺，相传出自天竺（印度），隋唐时期十分盛行，至清中后期逐渐淡出人们的视线。双陆棋子为马，形似小棒槌，一般黑白各 15 枚。一般由二人对局，掷骰子按点行棋，白马自右归左，黑马自左归右，先出完者为胜。
　　这副双陆棋，棋子为骨质，染红、绿二色。盛装在紫檀木方形棋盒中，并附有骰子及各种筹棍。

玉双陆棋子

年代　清中期
收藏单位　故宫博物院

　　共 30 枚，碧玉、青玉各 15 枚。

498

青玉骰子

年代　清中期
收藏单位　故宫博物院

骰子是用来投掷的博具，一般为正立方体，上面分别有1到6个圆点，其中1点、4点多漆上红色。骰子是许多娱乐必不可少的工具之一，如打麻将、牌九等。图中掐丝珐琅小碗内置5枚青玉骰子，另有铜镇纸1枚，均为下双陆棋时所用。

499

纸质升官图

年代　清光绪
收藏单位　故宫博物院

升官图是清宫一种流行的游艺品，整图由若干小图组成，经独立包边与整体黏合处理。展开大如棋盘，可用于游戏；折叠小如书册，可装入函套。这幅升官图以硬纸板制作，外用明黄纸裱面，内托裱升官图游戏路线。其折叠形式便于携带与存放，可随时取出博戏。

图盘绘清代官员系统，分为3圈。游戏从外圈的白丁开始，可步步升至内圈官阶最高的太傅、太师、太保。转动一个四面分别刻有"德、才、功、赃"的陀螺，按照格内文字说辞对号入座，决定所获官职的升降。

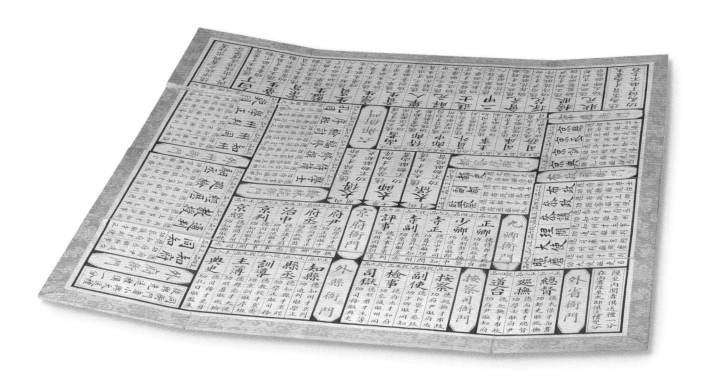

水浒人物图案纸牌

年代 清
收藏单位 故宫博物院

纸牌是古代广泛盛行的游戏，因玩法简单而富有刺激性，在宫中也比较流行。这副纸牌为长方形，牌面为白色地，四周饰黑、绿、黄等各色边。共绘水浒人物30个，每个人物各4张，共120张。牌的上下方绘有各种符号，代表"万万贯""千万贯"等术语。图案刻画细腻、线条简洁而神态逼真。

檀香木牌九

年代 清
收藏单位 故宫博物院

牌九又称"天九""骨牌"，每副32张，长方体，正面分别刻着以不同方式排列的由2到12的点子。牌九是由骰子演变而来的，但其构成远比骰子复杂。它一般为4个人玩，玩法多种，变化多样，但基本是以点数大小决定胜负。牌九多以骨、牙、竹或乌木制成，这副牌九则为珍贵的檀香木质。

502

象牙麻将牌

年代　清光绪
收藏单位　故宫博物院

　　麻将是一种传统的益智游戏，由明代的马吊牌发展而来，到清中叶基本定型。这副珍贵的麻将牌为象牙面，竹木背，以楠木三屉提箱盛装。提箱前设插盖，盖面刻"吉羊"二字。"羊"通"祥"，吉羊意即吉祥。箱内下层屉面则雕"如意"二字，祝愿麻将的主人吉祥如意。值得一提的是，牌中的"中""发"被改作"龙""凤"，颇具皇家特色。

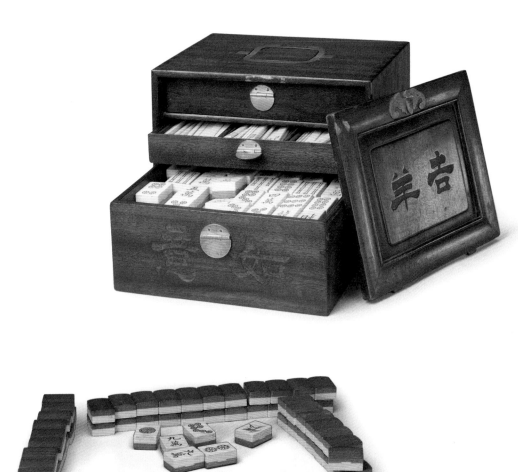

四

宠物

（503）

《弘历观孔雀开屏图》

年代　清乾隆
作者　［意］郎世宁等
收藏单位　故宫博物院

　　这是一幅表现乾隆帝宫廷生活的巨幅贴落画。图中乾隆端坐在圆明园一座亭台之上，闲适地观赏庭院中一对孔雀。雄孔雀展开五彩缤纷、色泽艳丽的尾屏，似乎还不停地做着优美的舞蹈动作，向雌孔雀炫耀自己的美丽。

　　据档案记载，乾隆帝曾谕令云贵总督进献云南驯养的孔雀两对，以备御园饲养。

《十二美人图》之"捻珠"

年代　清雍正
作者　佚名
收藏单位　故宫博物院

　　宫中经常豢养各种动物，寂寞的后妃更以逗弄小宠物为乐。这是雍正时期绘制的12幅美人图中的一幅，图中陈设富丽，既有传统的多宝格，又有新奇的西洋钟表，当为后宫生活的写照。服饰华丽的美人正手捻串珠，侧身坐在桌旁，注视着两只小猫嬉戏玩耍。

《十二美人图》之"捻珠"

505

红缎狗衣

年代　清晚期
收藏单位　故宫博物院

　　养狗是宫中的消遣方式之一。内务府下设养狗处，专门管理养狗的事务，豢养的多为血统纯正的名犬。狗窝、狗笼、狗衣等用具都非常考究，其尺寸、用料、样式、图案都一丝不苟，精心制作而成，有时皇帝还亲自过问。这件狗衣以红色闪缎为面料，内衬棉布里，色彩艳丽，纹样精美，质地柔软，做工十分精细。

506

慈禧与侍从合影

年代　光绪二十九年（1903）
摄影　（清）勋龄
收藏单位　故宫博物院

　　这是慈禧太后及其侍从们拍摄于颐和园乐寿堂前的一幅照片，站在前面的两名太监，右为大总管李莲英、左为二总管崔玉贵，地上伏着她的一只爱犬。豢养宠物狗是慈禧晚年的一大嗜好，当时颐和园有多名太监专门负责喂养。据一名老宫女回忆，曾有4条形象、大小、毛色都非常相近的哈巴狗，一般人很难区分，慈禧却准确地抓住它们的特点，分别命名为"秋叶""紫烟""琥珀""霜柿"。

507

竹船式鸟笼

年代　清
收藏单位　故宫博物院

　　清中期以后，各种禽鸟的豢养成为八旗子弟的重要活动内容之一。宫中养鸟则由专门的太监负责，他们懂得如何掌握鸟的习性、顺应鸟的爱好、调节鸟的饮食，技术都是师徒相传，秘密从不外泄，只有这样才能不断得到赏银。养鸟催生了鸟笼的制作，清宫造办处曾组织全国的能工巧匠，专门为宫中制作鸟笼。这只造型别致的竹船式鸟笼，就是当年清宫所用之物。

508

"大雅斋"款荷花鹭鸶鱼缸图样

年代　清光绪
收藏单位　故宫博物院

　　金鱼作为著名的观赏鱼种，也受到宫廷喜爱。宫中使用的鱼缸，同样不惜工本，奢华考究。这是一幅御用鱼缸的设计样稿，鱼缸呈椭圆形，颈部饰青线两道，外壁绘粉彩荷花。展开的图上有红色荷花6朵，间饰鹭鸶1对。"荷"与"和""合"同音，"鹭"与"路"同音，寓意一路和合如意。图

上题"大雅斋"款，旁钤"天地一家春"闲章。

　　大雅斋原为慈禧住所的一处斋名，地点在圆明园"天地一家春"内，后成为她的私人堂款。"大雅斋"瓷器是光绪时期专门为慈禧太后设计、烧制的御用瓷，也是晚清著名的御窑名品。

泥蟋蟀罐

年代 清
收藏单位 故宫博物院

　　斗蟋蟀是一项古老的娱乐活动，在民间和宫廷都很流行。《聊斋志异》中著名的《促织》一文，便描绘了明宣宗朱瞻基对斗蟋蟀（促织）的痴迷程度。

　　蟋蟀罐即用来饲养和斗蟋蟀的器皿，有瓷、陶、泥、玉等多种质地。其中，泥罐与澄泥砚类似，质地细腻滋润，透气性能良好，透水性能适度，不伤蟋蟀须爪，较之其他材质的器物，更适于蟋蟀的生存。这只泥蟋蟀罐炼泥之精，制作之绝，不逊于名瓷佳品。

510

粉彩紫地大小蟋蟀罐

年代　清同治
收藏单位　故宫博物院

　　共一套 11 件，同治时期景德镇御窑专为宫中烧制。其中大罐 1 件，用于斗蟋蟀；小罐 10 件，内有瓷板、过笼、水槽等，用于养蟋蟀。大罐有纽、小罐无纽，釉色、纹饰基本相同。罐身一面绘《岁寒三友图》；另一面为海棠式开光，内有明人解缙的《咏梅》诗："群芳摇落尽凋残，惟有孤根耐岁寒。为道沧洲深雪里，独留苍翠与君看。"

铜丝蟋蟀罩

年代　清
收藏单位　故宫博物院

蟋蟀罩即用于逮蟋蟀的网罩。蟋蟀动作敏捷，用手直接捕捉很容易伤及触角与尾叉，使其失去灵敏性。而使用内部空间较大的网罩，则既提高了捕捉的成功率，又降低了蟋蟀受伤的几率。这对蟋蟀罩用双股铜丝编成，翻口弯肚，细密美观。

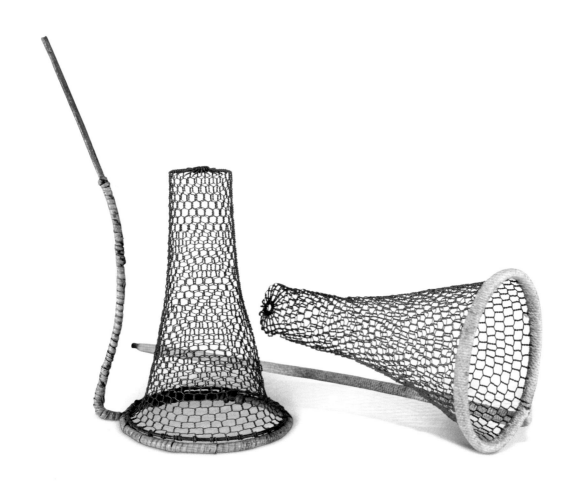

512

狮子戏钱纹蝈蝈葫芦

年代　清

收藏单位　故宫博物院

　　清代蓄虫之风，盛行于皇宫内外。尤其是在寒冷的冬季，人们享受着草虫的鸣叫，更一番自在悠闲的情趣。蝈蝈葫芦是养蝈蝈的最佳用具之一，分为范制与本长两种。

　　这只蝈蝈葫芦为范制，镶红木口边，配以红木盖。为了达到较好的鸣音效果，盖上有7个镂空孔洞，孔边镶嵌象牙。内设螺旋形铜丝簧片，既可防止蝈蝈意外逃出，又能保护其触须。腹部主体纹饰为9只狮子戏钱图案，其上又施以火绘，即用铁针配合香、蜡等器具烙出图案细部。整体精致可爱，从中可以窥见传统蓄虫文化的些许门道。

513

梨木雕婴戏图蝈蝈葫芦模

年代　清

收藏单位　故宫博物院

　　葫芦模即范制葫芦的模具，将葫芦的幼实纳入其中，使其按预定的形状和图案成长。这套蝈蝈葫芦模以梨木制成，浮雕婴戏图。清宫使用的葫芦模具，大致可分刻有花纹的花模和光素无纹的素模两类。花模图案品种繁多，题材丰富，除龙凤等吉祥图案外，山水、园林、人物、花鸟、走兽、虫鱼、几乎无所不有。

五

照相

514

珍妃照片（传）

年代　清光绪

　　摄影技术诞生于 19 世纪 30 年代，鸦片战争后传入中国。由于它能够逼真地记录人的容貌，所以很受国人欢迎。光绪、珍妃也喜欢照相，曾在光绪二十年（1894）前后，偷偷从宫外购进一架相机，照相时"不拘姿势、任意装束"。珍妃的照片目前虽然仅存一幅，但她在宫中却开风气之先，而慈禧等人开始照相，则是光绪二十九年（1903）以后的事。

515

摄影师勋龄

年代　清光绪

　　勋龄，汉军正白旗人，其父裕庚是清朝的三品官员，曾出任清廷驻日本、法国公使。勋龄随父母旅居海外多年，接受西方教育，曾在法国研习摄影。光绪二十八年（1902），裕庚任职期满，全家从巴黎回到北京，他的两个女儿——德龄和容龄，被慈禧召进宫中充任私人翻译兼侍从。勋龄则成了慈禧的御用摄影师，为她拍摄了数十幅不同场面、不同背景、不同服饰和不同姿态的照片。

516

慈禧乘舆照

年代　光绪二十九年（1903）
摄影　（清）勋龄
收藏单位　故宫博物院

　　这是慈禧在颐和园仁寿殿前乘坐轿舆的照片，站在前面的右为大总管李莲英、左为二总管崔玉贵。据记载，这也是勋龄按照慈禧要求，为她拍摄的第一张照片，表现的是她坐着轿子前去受朝的场面。随后才在院内摆座布景，开始为慈禧拍摄单人照。

517

慈禧对镜插花照

年代　光绪二十九年（1903）
摄影　（清）勋龄
收藏单位　故宫博物院

　　慈禧的单人照片均为全身照，主要是在颐和园内摆拍。背景多为屏风、宫扇，宝座两侧几上摆放果盘，地面铺设地毯。宫扇柄部上端特意张挂题名横额，署"光绪癸卯年"（1903）年款，钤盖"慈禧皇太后之宝"印章，其中有的上书一长串徽号"大清国当今慈禧端佑康颐昭豫庄诚寿恭钦献崇熙圣母皇太后"，有的则书写"大清国当今圣母皇太后万岁万岁万万岁"。照片中她或坐或立，服饰虽有所变化，形象则大同小异。

大清當今慈禧端佑康頤昭豫莊誠壽恭欽獻崇熙聖母皇太后

慈禧与光绪后妃等合影

年代　光绪二十九年（1903）
摄影　（清）勋龄
收藏单位　故宫博物院

　　照片背景与慈禧的单人照相同，但撤去了屏风及果盘等摆设。慈禧端坐于宝座，光绪皇后（右）、瑾妃侍立两侧。站在慈禧身后的，左起为德龄、容龄和她们的母亲。

慈禧与光绪后妃等合影

慈禧乘船照

年代　光绪二十九年（1903）
摄影　（清）勋龄
收藏单位　故宫博物院

　　慈禧晚年经常在昆明湖和西苑三海乘船游乐，那里曾停放各种华丽的游艇、画舫、汽舟，以及众多的平底船。这幅照片拍摄于光绪二十九年（1903）七月十六日，表现了慈禧及其侍从在西苑中海乘无篷平底船游湖的场景。照片中慈禧右手托一葫芦，端坐于船正中的宝座上，身旁设一香几，上面的香炉内有一很大的镂空"寿"字。宝座后为一宽大屏风，上面挂一云头状横牌，楷书"普陀山观音大士"。船上随侍者共有15人之多，包括4名太监和11位女性。

慈禧扮观音照

年代　光绪二十九年（1903）
摄影　（清）勋龄
收藏单位　故宫博物院

　　这幅照片反映的是慈禧扮观音的内容，恰似西方极乐世界的情境：扮作观音大士的慈禧呈端坐状，置身于盛开的荷花丛中。她左手持净水瓶，右手执柳支。头上则戴毗罗帽，外加五佛冠，每一莲瓣上都有一尊佛像，代表五方五佛。五佛冠两侧，各垂一条长飘带，上书梵音六字真言。李莲英扮韦陀，头戴武士帽，双手合十，两肘捧着金刚杵，立于左侧；庆亲王的女儿四格格扮善财，身穿莲花衣，双手捧书一函，立于右侧。人物身后是绘有丛竹山石的布景，正中悬挂一块写有"普陀山观音大士"字样的云头状横牌。

慈禧着色照片

年代　光绪二十九年（1903）
摄影　（清）勋龄
收藏单位　故宫博物院

　　慈禧照相讲究排场，她的照片称作"圣容"。光绪二十九年（1903）七月，宫中特立《圣容账》，对其形象、件数和用场，都一一作了登记。其中部分照片还采用水彩颜料着色，虽然历时已久，但色彩依然十分明快，尤其是面部着色柔和均匀，立体感较强。

　　这些照片采用的是当时通行的玻璃底片，成本昂贵，成像程序复杂。照片的底片，目前大都完好地保存于故宫博物院。

隆裕太后与溥仪在建福宫花园

年代　清宣统
收藏单位　故宫博物院

　　光绪三十四年（1908）十月，光绪皇帝和慈禧太后相继宾天，遗命3岁的溥仪承袭帝位；光绪皇后叶赫那拉氏被尊为"隆裕皇太后"，成了清朝的最后一位皇太后。这是隆裕太后与溥仪在紫禁城建福宫花园拍摄的照片，其中除太后之外的女性，都是侍候小皇帝的女仆。

后 记

　　一位外地朋友曾这样问我："我们看到故宫的城墙，如同观看一部历史大片，心里想的都是帝王家的排场。你身在宫墙之内，是否也会联想到某个历史片段，甚至期待与哪位历史人物相遇呢？"我说："在故宫工作久了，对皇帝已经不再神秘，他们不过是被奉为神的普通人，在宫里过着讲究排场的程序化生活。"

　　话虽如此，昔日宫廷生活遗存的确让人震撼，其独特的生活方式更给人留下了不少想象空间。中国的皇帝制度已有两千多年的历史，它的消亡则不过百余年的时光。那个高高在上的特殊群体，并没有随着时间的推移，而完全淡出人们的记忆。将那些人们听起来似乎耳熟能详、其实却不甚了解的往事，尽量还原其本真，也是历史研究者的重要追求。

　　迄今为止，有关清代宫廷生活的著述不胜枚举。它们或高屋建瓴，或具体而微，史料说史，成就斐然。而通过文物研究宫廷生活，让尘封的旧物说话，紫禁城宫廷史迹和故宫博物院的丰富收藏，则为我们开启了便利之门。

　　2014 年，朱诚如先生提出编撰一套 10 卷本的《清宫图典》，我当即表示愿意承担其中的"生活卷"。接受此差，原因有二：一是老院长心系故宫学术，后学者理当全力投入；二是关注相关内容有年，完成一本图解历史也是自己的心愿。总之，通过一件件珍贵的文物，将清宫生活往事相对完整地串联起来，吉光片羽，以小见大，无疑是一件很有意义的事。

　　需要指出的是，本书编撰虽然不乏个人思考，但主要是综合诸多学者的研究成果。限于体例无法具体标注，在此诚致谢意！

　　最后，感谢责任编辑艾珊歌、王志伟通览书稿，指正失误，为本书的出版付出辛劳！

左远波

2019 年 12 月 12 日

图书在版编目（CIP）数据

清宫图典. 生活卷 / 故宫博物院编. —— 北京：故宫出版社，
2019.12
ISBN 978-7-5134-1285-8

Ⅰ. ①清… Ⅱ. ①故… Ⅲ. ①宫廷–史料–中国–清代–
图集 Ⅳ. ① K249.06-64

中国版本图书馆 CIP 数据核字 (2019) 第 296089 号

清宫图典
生活卷

故宫博物院 编
主　　编：朱诚如　任万平
本卷编著：左远波
出 版 人：王亚民
责任编辑：艾珊歌　王志伟
篆　　刻：阎　峻
装帧设计：李　猛
责任印制：常晓辉　顾从辉
出版发行：故宫出版社
　　　　　地址：北京市东城区景山前街 4 号　邮编：100009
　　　　　电话：010-85007808　010-85007816　邮箱：ggcb@culturefc.cn
制版印刷：北京雅昌艺术印刷有限公司
开　　本：889 毫米 × 1194 毫米　1/16
印　　张：21
字　　数：270 千字
版　　次：2019 年 12 月第 1 版
　　　　　2019 年 12 月第 1 次印刷
书　　号：ISBN 978-7-5134-1285-8
定　　价：396.00 元